马克思主义简明读本

求真务实

丛书主编：韩喜平
本书著者：李金宝

吉林出版集团股份有限公司

图书在版编目（CIP）数据

求真务实 / 李金宝著. -- 长春：吉林出版集团股份有限公司，2014.4
（2021.2重印）
（马克思主义简明读本）

ISBN 978-7-5534-2602-0

Ⅰ. ①求… Ⅱ. ①李… Ⅲ. ①中国共产党—党的作风—学习参考资料
Ⅳ. ①D261.3

中国版本图书馆CIP数据核字（2013）第174368号

求真务实
QIUZHEN WUSHI

丛书主编： 韩喜平
本书著者： 李金宝
项目策划： 周海英　耿　宏
项目负责： 周海英　耿　宏　宫志伟
责任编辑： 宫志伟
出　　版： 吉林出版集团股份有限公司
发　　行： 吉林出版集团社科图书有限公司
电　　话： 0431-81629720
印　　刷： 永清县晔盛亚胶印有限公司
开　　本： 710mm × 960mm　1/16
字　　数： 100千字
印　　张： 12
版　　次： 2014年4月第1版
印　　次： 2021年2月第4次印刷
书　　号： ISBN 978-7-5534-2602-0
定　　价： 36.00元

序　言

习近平总书记指出，青年最富有朝气、最富有梦想，青年兴则国家兴，青年强则国家强。青年是民族的未来，“中国梦”是我们的，更是青年一代的，实现中华民族伟大复兴的“中国梦”需要依靠广大青年的不断努力。

要提高青年人的理论素养。理论是科学化、系统化、观念化的复杂知识体系，也是认识问题、分析问题、解决问题的思想方法和工作方法。青年正处于世界观、方法论形成的关键时期，特别是在知识爆炸、文化快餐消费盛行的今天，如果能够静下心来学习一点理论知识，对于提高他们分析问题、辨别是非的能力有着很大的帮助。

要提高青年人的政治理论素养。青年是祖国的未来，是社会主义的建设者和接班人。党的十八大报告指出，回首近代以来中国波澜壮阔的历史，展望中华民族充满希望的未来，我们得出一个坚定的结论——实现中华民族伟大复兴，必须坚定不移地走中国特色社会主义道路。要建立青年人对中国特色社会主义的道路自信、理论自信、制度自信，就必须要对他们进行马克思主义理论教育，特别是中国特色社会主义理论体系教育。

要提高青年人的创新能力。创新是推动民族进步和社会发展的不竭动力，培养青年人的创新能力是全社会的重要职责。但创新从来都是继承与发展的统一，它需要知识的积淀，需要理论素养的提升。马克思主义理论是人类社会最为重大的理论创新，系统地学习马克思主义理论有助于青年人创新能力的提升。

要培养青年人的远大志向。“一个民族只有拥有那些关注天空的人，这个民族才有希望。如果一个民族只是关心眼下脚下的事情，这个民族是没有未来的。”马克思主义是关注人类自由与解放的理论，是胸怀世界、关注人类的理论，青年人志存高远，奋发有为，应该学会用马克思主义理论武装自己，胸怀世界，关注人类。

正是基于以上几点考虑，我们编写了这套《马克思主义简明读本》系列丛书，以便更全面地展示马克思主义理论基础知识。希望青年朋友们通过学习，能够切实收到成效。

韩喜平

2013年8月

目　录

引　言

求真务实精神是对中国传统文化的继承与发展，从古至今中华民族在心理上都具有浓厚的实践精神，一切理论都务求经过实践来进行探索和检验，这是中华民族传统文化底蕴的一个重要特点。求真务实是对马克思主义哲学，特别是对其认识论的精神实质的精辟概括。它体现了马克思主义所要求的理论和实践、知和行的具体的历史的统一。求真与务实的统一，是马克思主义认识论的必然要求和本质体现。党的思想路线集中而鲜明地反映了马克思主义的这一基本特点和实质。求真务实是我们党的一以贯之的优良传统和作风，是党的各项事业不断取得新胜利的根本保证。正如我们党九十多年的历程充分说明，求真务实是党的活力之所在，也是党和人民事业兴旺发达的关键之所在。

在新民主主义革命和社会主义建设时期，以毛泽东为主要代表的中国共产党人，坚持把马克思主义基本原理同中国革命和建设的具体实际相结合，在求真务实的艰辛探索中，形成了新民主主义革命的理论，社会主义过渡理论、路线、战略和策略，并领导全国各族人民经过长期艰苦卓绝的斗争，夺取了新民主主义革命和社会主义改造的伟大胜利。党的十一届三中全会以来，以邓小平为主要代表的第二代中国共产党人，继续坚持和发扬求真务实的科学精神，从社会主义初级阶段的基本国情出发，把马克思主义基本原理与中国具体实际和时代特征相结合，开创了中国特色社会主义建设的崭新道路，不但继承和发展了马克思主义理论，而且提升了马克思主义的新境界。党的十三届四中全会以来，以江泽民为主要代表的第三代中国共产党人，坚持党的求真务实的优良传统不动摇，坚持党的基本理论和基本路线不动摇，坚持走中国特色社会主义道路不动摇，领导全国各族人民，开创了马克思主义的新境界，取得了改革开放和社会主义现代化建设的新胜利。新世纪之初，以胡锦涛为代表的新一代领导集体大力弘扬求真务实精神，同时还赋予其新的时代内容。自从党的十八大召开后，新一届领导班子逐步改进工作作风，追求实干兴邦，为求真务实精神指明了方向。

当前，我国改革和发展正处在全面建设小康社会的关键时期，国际国内形势既对我们全面建设小康社会有利，前进的道路上也存在一定的困难和挑战。正确认识和解决我们面临的突出矛盾和问题，迫切要求我们在全党大力弘扬求真务实精神、大兴求真务实之风。认真学习、深入贯彻这一重要思想，对于我们加快推进中国特色社会主义事业具有重要而深远的意义。

第一章　求真务实提出的背景、必然性和过程

第一节　求真务实提出的时代背景

21世纪头20年我们面临的国际、国内大环境，对中国来说，是各种难得的历史机遇交汇在一起的重要时期，中国发展也面临着更大的挑战。

一、21世纪初期国际、国内的有利因素

（一）21世纪初期国际的有利因素

“冷战”结束以来，世界发生了转折性的变化。国际政治经济和国际关系都处于大变动、大重组之中。不少国家受其影响或出现增长和繁荣，或出现衰退和困难，只要善于利用有利时机，这一变化就有可能成为我国加快发展的条件。

经济全球化的发展、世界性经济结构的调整和世界范围的科技进步已成为不可阻挡的趋势。对我国来说，经济全球化和世界性经济结构调整，有利于实现我国产业结构的调整，加速实现产业升级；有利于我们吸引利用外资，弥补国内建设资金的不足；有利于我们发挥比较优势，开拓国际市场，扩大对外贸易；有利于我们引进外国先进技术和管理经验，进行科技创新和体制创新。世界范围内科技进步突飞猛进，为我们发挥后发优势，在技术跨越的基础上实现经济的跨越式发展提供了现实可能性。

世界经济长周期新高涨正在到来。技术革命的周期性决定了世界经济发展具有周期变动即繁荣与衰退相交替的特性。每一个世界经济发展周期都是由一次新技术革命的演变所决定的。因此，依照当前新技术革命蓬勃的情况，21世纪的前1／4时间里，将会出现一个世界经济长周期的新高涨，这给中国经济的发展提供了有利的时机。

世界要和平、国家要发展、社会要进步是时代的潮流。尽管世界多极化和经济全球化趋势在曲折中发展，国际力量对比出现严重失衡，非传统领域的不安定因素在增多，我们面临的国际环境正在发生着新的变化，但和平与发展的世界主题，总体和平、局部战争，总体缓和、局部紧张，总体稳定、局部动荡的国际形势短期内不会出现大的变化，这就完全有可能在客观上继续为我国的现代化建设提供一个有利的国际和平环境。

（二）21世纪初期国内的有利因素

世纪之初，中国的改革与开放经过二十多年由点到线、面的展开和纵深发展，建设中国特色社会主义的基本经验已有了一定的积累，并逐渐形成了中国特色社会主义理论体系。这一理论体系深化了对“什么是社会主义、怎样建设社会主义”，“建设一个什么样的党、怎样建设党”，“什么是发展、怎样科学发展”的认识。这一理论体系是执政兴国的强大理论武器，为在新世纪继续推进我国社会主义现代化建设，实现民族的伟大复兴奠定了坚实的理论基础和实践基础，指引我们沿着正确的道路不断前进。

世纪之初，我国具备了加快发展的经济条件。经过三十多年的改革开放和发展，中国经济增长的供给“瓶颈”已基本消除，供求关系发生了重大变化，告别了“短缺”时代，买方市场初步形成，我国的经济实力不断提升，居于世界前列、发展中国家的第一位，广大人民群众的生活水平大幅度提高，综合国力显著增强。虽然我们仍将长期处于社会主义初级阶段，要根本改变中国在全球竞争大格局中的相对弱势地位还要付出艰苦的努力，但我们毕竟为实现第三步战略目标，为中华民族的腾飞，奠定了前所未有的物质基础。

世纪之初，我国良好体制的建立条件已初步具备。随着改革的不断深入，我国已初步建立了社会主义市场经济框架，逐渐定型并不断完善，这为我国社会主义市场经济的发展提供了更稳定的体制保障；与此相适应，政治体制和文化体制的改革也在不断稳步推进，这为进入小康社会后社会主义体制改革进入全局性攻坚和系统性体制创建的发展创造了良好的体制环境。

世纪之初，走中国特色社会主义道路已成为全国人民的共识。中国的改革开放取得了巨大成就，无论对国际还是国内都产生了巨大影响，这使广大人民群众看到了社会主义的前途和希望，更加坚定了只有社会主义能够救中国，只有社会主义能够发展中国的信念，只有走中国特色社会主义道路才是中国的唯一选择，从而坚定了继续沿着有中国特色的社会主义道路前进的决心和信心。这就使中国的进一步发展有了精神支柱，能够使亿万人民的创造活力进一步发挥出来。

同时，世纪之初，加入世界贸易组织为我国的发展增加了外在的推动因素。加入世界贸易组织不仅意味着我国将在更大范围和更大程度上参与经济全球化，扩大对外经济交流，更多地利用外国资源使我国的对外开放进入一个新的阶段，更重要的是以外部强制性的力量，促使我国加快和深化改革，从根本上改变我们管理经济的方式，为生产力的发展克服体制性障碍。因此，入世的迅猛发展成为新世纪我国经济加速发展和改革开放不断深入的推动力。

二、21世纪初期国际、国内的不利因素

（一）国际政治舞台上的不利因素

“冷战”结束后，中国实际上被推上了国际政治舞台的前台。那时全球经济的激烈竞争已见端倪。中国入世过程中的艰辛博弈，欧洲联盟、北美自由贸易区与日本、东亚新兴国家和地区的激烈竞争，都充满火药味。而西方经济的复苏，苏东地区经济行将走出最困难阶段，中国周边国家经济的腾飞，这些都使中国面临更严峻的挑战。苏联解体后，20世纪90年代初期以来的新形势越来越显示出中国的社会主义被推上了前台，成为不同社会制度的一极。中国面临着发达国家在经济与科技

方面占优势的压力，如果中国做得不好，这种差距还有可能扩大，某些西方大国不愿意看到中国按照自己的发展模式取得成功，总是想方设法对中国进行牵制，这种情况应当引起我们的高度警惕。有些人很清楚中国的进一步强大，中国社会主义的进一步壮大对于发达资本主义国家，对于国际共产主义运动意味着什么。布热津斯基1993年出版了一本名为《失去控制：21世纪前夕的全球混乱》的书，书中称："从总体来看，必须说中国取得的成绩是极为令人钦佩的。……如果这种速度保持下去，到2010年中国将成为全球第四个经济大国，仅次于美国、欧洲和日本。"①可以看出，布热津斯基已把中国作为"西方联盟"的目标。

特别要提到的是，"冷战"虽已告一段落，但是天下并不太平，霸权主义和强权政治依然横行。西方敌对势力加强了对我国的"西化"和"分化"攻势。美英政界和舆论界公开鼓吹"遏制中国论"、"中国经济威胁论"和"中国扩充军备论"。美国《时代》周刊评论道，"必须从它尚处早期时期开

① [美]兹比格涅夫·布热津斯基著，潘嘉玢、刘瑞祥译：《大失控与大失败》（原名《失去控制：21世纪前夕的全球混乱》，中国社会科学出版社1994年版，第207—209页。

始”遏制中国的发展；英国《经济学家》杂志则公开抛出题为《遏制中国》的文章指出“目前紧张局势的真正根源是中国”。它们把遏制的对象由苏联换成了中国。

（二）国内经济社会发展的不利因素

尽管中国发展的机遇难得，但是对国内面临的挑战和潜在危机同样不能掉以轻心。这里涉及社会生产力能否保持持续快速发展的势头，能否建立经济发展、生态环境和人口增长、政治、经济、社会改革协调的良性循环机制，能否真正实现一部分人先富起来的同时缩小贫富差距的目标，能否保持和发展健康且富有活力的民族精神以及开创有利于自身发展的国际环境等问题。客观地说，在这些方面同样面临着十分严峻的挑战。

全面建设小康社会是一个需要我们全力以赴的艰巨任务。当前我国最大的国情是我国正处于并将长期处于社会主义初级阶段，在实现我国的现代化总体目标——到21世纪中叶基本实现社会主义现代化，实现中华民族的伟大复兴的道路上，我们已经经历了若干个具体的发展阶段，我们还要继续经历若干个具体的发展阶段，这种分阶段、有步骤地实现现代化的战略构想，是积极而又稳妥的，它完全符合中国的现实国情。“全面建设小康社会”是一个重要的阶段性目标，是新世纪头

20年我们党和国家全部工作的主旋律。全面建设小康社会的这20年，是巩固和提高现在初步达到的总体小康水平的重要历史时期，也是为第三步战略目标的实现奠定坚实基础的重要时期。

全面建设小康社会、基本实现现代化、巩固和发展社会主义制度也是一个长期的、艰巨的历史过程。改革开放三十多年来，我国改革开放和现代化建设取得了举世瞩目的成就，国民经济保持了持续快速健康发展，经济总量跃居世界前列，城乡居民收入成倍增长，国际地位不断提升，人民生活总体达到小康水平。但是，我国生产力还不发达，自主创新能力不强，城乡、区域发展不平衡，解决“三农”问题的任务相当艰巨，就业和社会保障压力增大，生态环境、自然资源和经济社会发展的矛盾日益突出，等等。中国有13亿人口，人均国内生产总值与发达国家相比还有相当大的差距。这些都说明，我们现在达到的小康还是低水平的、不全面的、发展很不平衡的小康，巩固和提高目前达到的小康水平，全面建成惠及十几亿人口的更高水平的小康社会任重而道远。

中国在走共同富裕的道路这个问题上形势相当严峻。社会主义的根本任务就是“发展生产力，在发展生产力的基础上体现出优于资本主义，为实现共产主义创造物质基础。”[①]是走共同富裕的道路。[②]随着社会经济的发展，各地区、行业、集团、阶层呈现出不平衡发展的扩大趋势，解决好贫富悬殊问题显得日益突出，它关系到社会的稳定和社会主义道路。20世纪90年代以来的中国的最低和最高两个20%之间的差距呈现出扩大趋势。如果不能很好地解决共同富裕的问题，不能解决好效率和平等的原则关系，坚持社会主义道路和保障社会安定将遇到相当大的麻烦，也势必影响长期稳定和持续的经济发展，这是应当引起特别重视并予以解决的。而腐败现象相当严重地侵蚀了我们党的集体，中国特色的现代化并不是走西方的道路，进行“西化”和“演变”。然而，要解决这个问题绝非走平均主义大锅饭、穷社会主义的老路，也不仅是建立健全的社会保障体制问题，它还涉及制止不正当致富的法制和恰当的税制等问题。

实行社会主义市场经济体制的转轨要付出高昂的学费。如何搞社会主义的市场经济，这是一个全新的伟大试验，资本主义的一套有用的应当借鉴，但绝不能照搬。苏联社会主

---

①《邓小平文选》第3卷，人民出版社1993年版，第137页。

②《邓小平文选》第3卷，人民出版社1993年版，第110—111页。

义模式的负面影响对推行改革开放、建设社会主义市场经济体制不无干扰。习惯势力、保守思想、改革过程中受到利益损害的集团及个人的不满情绪对转轨观望以致消极抵制。还会有一些人乘机混水摸鱼以图私利，给改革转轨大抹其灰。加上转轨没有经验，无先例可行，有可能出现失误。所有这些都说明中央提出的向社会主义市场经济体制转轨，从粗放型向集约型转变，绝不是一件轻而易举之事。要建设这一前无古人的伟大事业没有曲折是不现实的。问题是不要有大的反复，有了缺点和失误及时纠正，以使学费的代价太高。借鉴当代世界各国改革的经验教训，这里尤为关键的是必须切实处理好改革、发展、稳定的关系，协调好经济改革、政治改革和社会改革的关系，必须坚持实事求是，实践第一和社会生产力第一的检验标准。

此外，还有一个对我们不利的客观条件，目前我国的总体环境恶化趋势仍在持续，经济发展和环境改善在总体上尚未形成良性循环，因此，必须要减慢发展速度。

总之，进入21世纪，我国进入了全面建设小康社会、加快推进社会主义现代化建设的新时期。新世纪新阶段，我国发展站在了新的历史起点上，面临的机遇前所未有，面对的挑战也前所未有，机遇大于挑战。从国际看，世界多极化和经济全球化的趋势深入发展，国际环境复杂多变，综合国力竞争日趋激烈，影响世界和平与发展的不稳定不确定因素增多，我们仍将长期面对发达国家在经济科技等方面占优势的压力。从国内看，经济体制深刻变革，社会结构深刻变动，利益格局深刻调整，思想观念深刻变化。这种空前的社会变革，给我国发展进步带来了巨大活力，也必然带来这样那样的矛盾和问题，我们在前进中不可避免地会遇到许多困难和风险，也使我们党面临巨大的新的考验。求真务实思想就是在这样的形势和背景下提出来的。①

第二节　求真务实提出的历史必然性

求真务实是着眼于推进中国特色社会主义的伟大事业、全面建设小康社会的宏伟目标和党的工作作风中存在的问题而提出的。胡锦涛提出大力弘扬求真务实精神，是具有极强的针对性和现实意义的。

---

①王久高，孟毅辉：《“求真务实”精神提出的背景、内涵及基本要求》，《云南行政学院学报》2005年第6期，第35—36页。

一、求真务实的理论必然性

求真务实是辩证唯物主义和历史唯物主义一以贯之的科学精神。马克思主义十分重视革命的、科学的理论对于社会变革的指导作用。但是，它尤其重视实践。实践的观点是马克思主义认识论之首要的和基本的观点。马克思曾指出："哲学家们只是用不同的方式解释世界，而问题在于改变世界。"[①]毛泽东也说："马克思主义的哲学认为十分重要的问题，不在于懂得了客观世界的规律性，因而能够解释世界，而在于拿了这种对于客观规律性的认识去能动地改造世界。"[②]人们认识世界，要落实到改造世界的行动上。人们当然要用思想来支配自己的行动，但是"思想根本不能实现什么东西。为了实现思想，就需要有实践力量的人"[③]，需要人去实践、去实干。只有这样，科学的理论、正确的认识、美好的理想，才能逐步变为现实。所以邓小平说，世界上的事情都是干出来的，不干，半点马克思主义也没有。对于科学理论指导下的革命实践的特别看重，是马克思主义哲学区别

①《马克思恩格斯选集》第1卷，人民出版社1972年版，第19页。

②《毛泽东选集》第1卷，人民出版社1991年版，第296页。

③《马克思恩格斯全集》第2卷，人民出版社1972年版，第15页。

于一切旧哲学的显著特点。

坚持求真务实，是坚持马克思主义科学世界观和方法论的本质要求。求真务实是对马克思主义哲学，特别是对其认识论的精神实质的精辟概括，它体现了马克思主义所要求的理论和实践、知和行的具体的历史的统一。

二、求真务实的现实必然性

（一）求真务实思想是在对当今国际局势作出科学判断的基础上提出的

放眼全球，世界多极化和经济全球化的趋势在曲折中发展，科技进步日新月异，综合国力竞争日趋激烈。在这种激烈的竞争格局下，世界范围内资本主义和社会主义之间的竞争，由于社会主义运动遭受到苏东剧变的严重挫折，以及当代资本主义在同社会主义的斗争中借鉴社会主义的一些做法，并对资本主义生产关系的某些环节和运行机制进行调节，使得资本主义虽然步履蹒跚但依然向前发展，导致在意识形态领域出现马克思主义的“历史命运”问题，一时之间“意识形态终结论”甚嚣尘上；在经济领域，伴随着经济全球化的迅速发展，我国在积极参与经济全球化过程中，面临着经济安全受到严重威胁的挑战；在科技领域，科技进步的速度明显加快，对经济发展和社会进步的贡献率在明显增大，越来越成为世界范围内综合国力竞争的焦点。因此，作为一个在世界舞台上发挥重大作用的社会主义国家，只有求真务实，才能在激烈的竞争格局中，争得比较有利的外部环境，从而确保中国特色社会主义沿着正确的道路前进。

（二）求真务实思想是在对当代中国发展变化科学认识的基础上提出的

经过全党和全国各族人民的共同努力，我们胜利实现了现代化建设“三步走”战略的第一步、第二步目标，人民生活总体上达到小康水平。我国进入全面建设小康社会、加快推进社会主义现代化的新的发展阶段。但是，我们现在达到的小康还是低水平的、不全面的、发展很不平衡的小康，巩固和提高目前达到的小康水平，需要我们在求真务实的基础上，逐步实现党的十六大提出的“发展要有新思路，改革要有新突破，开放要有新局面，各项工作要有新举措”[①]的要求，使我国的经济更加发展、民主更加健全、科教更加进步、文化更加繁荣、社

①中共中央文献研究室：《中国共产党第十六次全国代表大会文件汇编》，人民出版社2002年版，第133页。

会更为和谐、人民生活更加殷实。

经过三十多年的改革开放，我国已经达到小康社会的发展水平，人民群众的温饱问题得以解决。但是，我国目前的小康水平是较低的。因而，党的十六大提出了要在21世纪头20年实现全面建设小康社会的宏伟目标。由于全球化的发展以及我国改革进入攻坚阶段，新世纪头20年对我们党来说是一个机遇和挑战并存的20年。然而，三十多年改革开放所取得的骄人成绩，使全党不少同志低估了全面建设小康社会的艰巨性、复杂性和挑战性。经济的持续、高速发展，中国国际地位的提升，综合国力的增强等一系列让世界瞩目的成绩使党内外一部分人过于乐观。人民群众在新世纪里对党的一种信任和期待从另一个方面促使了部分党员干部的自信心膨胀，急于赶超的思想时而萦绕在他们心头。针对这种盲目自信的浮躁心态，胡锦涛强调：越是形势好，越是群众加快发展的积极性高，越要坚持求真务实，越要保持清醒头脑，越要坚持好的工作作风。全党同志都必须从实现全面建设小康社会宏伟目标的战略高度，充分认识大力弘扬求真务实精神、大兴求真务实之风的极端重要性，一步一个脚印地做好工作，扎扎实实地把改革开放和现代化建设推向前进。

（三）求真务实精神是着眼于开创中国特色社会主义事业而提出的

走中国特色社会主义道路，是中国共产党人在实现马克思主义中国化进程中把马克思主义基本原理与中国实际实现第二次结合的产物。马克思主义是在欧洲资本主义社会里诞生的。马克思、恩格斯在分析19世纪欧洲资本主义制度的基础上，批判地继承空想社会主义的合理成果而提出科学社会主义。用诞生于欧洲的马克思主义来指导具有特殊国情的中国的革命和建设，这必然要求领导中国革命和建设的政党坚持实事求是、求真务实的思想路线，勇于和善于把马克思主义基本原理与中国实际相结合，走中国特色的革命和建设道路。以毛泽东为代表的中国共产党人正是成功做到了这一点，才产生了毛泽东思想这一马克思主义中国化的理论成果，并用其指导中国革命和社会主义建设，取得了丰硕成果。以邓小平为代表的党的领导集体同样坚持实事求是、求真务实的思想路线，走出一条具有中国特色的社会主义建设和改革之路，产生了邓小平理论这一马克思主义中国化的理论成果。以江泽民为核心的第三代领导集体高举邓小平理论的旗帜，坚持实事求是、求真务实的思想路线，把中国特色社会主义事业不断推向前进，产生了中国特色社会主义理论体系这一新的理论成果。马克思主义中国化的历程及其成果表明，坚持实事求是、求真务实的思想路线，是促进马克思主义与时俱进和中国社会主义事业兴旺发达的根本保证。当前，中国特色的社会主义事业依然任重而道远，在其未来的发展道路上必将面临诸多新的问题和挑战。以胡锦涛为代表的领导集体清醒地认识到推进这一事业的艰巨性和长期性，因而，在汲取前三代党的领导集体成功执政的经验基础之上，提出全党要大力弘扬求真务实精神，其目的就是希望党坚持解放思想、实事求是的思想路线，在实践基础上勇于创新，踏踏实实地把中国特色的社会主义事业推向前进。

（四）求真务实精神是针对当前党的工作作风中存在的问题而提出的

党的作风包括思想作风、学风、工作作风、领导作风和干部生活作风等方面。党的作风建设对党具有极端重要性，正如江泽民在“七一”讲话中指出的：“党的作风关系到党的形象，关系人心向背，关系党的生命。”[①]当前，我们党的作风总体上是好的，但也存在一些不适应改革和建设的新形势，让人民群众不满意的地方。这主要表现在：在思想作风上表现为

①《论“三个代表”》，中央文献出版社2001年版，第175页。

思想僵化、因循守旧；在学风上表现为教条主义、经验主义；在工作作风上表现为形式主义、官僚主义；在领导作风上表现为独断专行、实用主义；在生活作风上表现为个人主义、享乐主义。而最为突出的是形式主义和官僚主义。形式主义主要表现为空喊口号、哗众取宠、文山会海、好大喜功、急功近利，搞“形象工程”和“政绩工程”。官僚主义表现为高高在上、脱离群众、以权谋私、贪图享受、专横跋扈、追逐名利、任人唯亲。“形式主义的要害是，贪图虚名，不务实效，劳民伤财。官僚主义的要害是，脱离群众，脱离实际，做官当老爷。官僚主义引发形式主义，形式主义助长官僚主义，已经成为影响我们事业发展的一大祸害。”[①]面对党的作风存在的诸多问题，以胡锦涛为代表的党的领导集体认识到，不以求真务实的精神来要求和整顿党的作风，党就会脱离实际和群众，结果只会使党变质、国变色，中国特色社会主义事业必将遭到失败。

从党的建设上看，严峻的国际形势和全面建设小康社会的国内形势，要求我们党坚定地站在时代潮流的前头，团结和带领全国各族人民，实现推进现代化建设、完成祖国统一、维护

---

①中共中央文献研究室：《中共十三届四中全会以来历次全国代表大会中央全会重要文献选编》，中央文献出版社2002年版，第626—627页。

世界和平与促进共同发展这三大历史任务，在中国特色社会主义道路上实现中华民族的伟大复兴。总之，作为一个已有九十多年执政历史的党，如何摆脱“其兴也勃焉，其亡也忽焉”[①]的“周期率”，如何适应世界进步潮流，始终保持其先进性，这是当代中国共产党人必须认真思考并回答的历史性课题。正是在这样的时代背景下，胡锦涛提出了求真务实思想。

（五）大力弘扬求真务实的优良传统是弘扬和培育民族精神建设的需要

在经济全球化加快发展的当今世界，以经济力、科技力、军事力为主要内容的综合国力竞争日趋激烈，在背后则渗透着文化力的角逐和较量。民族精神作为文化力的核心，具有对内凝聚和动员民族力量、对外展示民族形象的重要功能。有没有高昂的民族精神，是衡量一个国家综合国力强弱的一个重要尺度。弘扬和培育民族精神，有利于我们应对经济全球化带来的挑战，在激烈的全球竞争中掌握主动；有利于抵御西方敌对势力对我国进行“西化”、“分化”的战略图谋。我们党在领导人民进行革命、建设和改革的过程中，为中华民族精神注

①黄大熊：《忆念吾父黄炎培，载于毛泽东党建思想研究》，中共中央党校出版社1989年版，第142页。

入了许多内涵，其中实事求是、求真务实是重要的组成部分。在新的历史时期，大力弘扬求真务实的优良传统，培育民族精神，加强精神文明建设，具有重要意义。

从以上分析可以看出，党的新的领导集体是基于中国特色社会主义、全面建设小康社会和党的自身建设这三位一体的战略格局而提出大力弘扬求真务实精神的要求的。因此，从根本上说，求真务实精神是否得以弘扬、贯彻和落实，关系到全面建设小康社会的宏伟目标能否实现，关系到党的建设的好坏，关系到中国特色社会主义事业的兴亡。

第三节　求真务实提出的历史过程

一、求真务实作风建设的提出

早在2001年9月，党的十五届六中全会通过的《中共中央关于加强和改进党的作风建设的决议》中，中共中央就提出要“重实际，说实话，办实事，求实效，努力在全党形成求真务实的风气”的主张。《决议》中指出，坚持解放思想、实事求是，反对因循守旧、不思进取，要在全党进一步造成鼓励解放思想、实事求是的生动局面。深入进行马克思主义发展史的教育，特别要用我们党不断推进理论创新的实践教育广大党员干部。坚持开展党的思想路线的教育、基本国情和基本路线的教育、国际国内形势的教育。学习和研究问题，鼓励解放思想，各抒已见，用摆事实、讲道理的方法开展讨论。提倡勤于思考、勇于探索、敢于创新，做到重实际、说实话、办实事、求实效。努力在全党形成认真学习的风气、民主讨论的风气、积极探索的风气和求真务实的风气。

当时，党中央是从党的作风建设角度提出要求的，这为后来求真务实精神的提出奠定了前提和基础。

二、求真务实精神战略的提出

2004年胡锦涛在十六届中央纪委第三次全体会议的讲话中指出："求真务实，是辩证唯物主义和历史唯物主义一以贯之的科学精神，是我们党的思想路线的核心内容，也是党的优良传统和共产党人应该具备的政治品格。"并具体指出，在全党大力弘扬求真务实精神、大兴求真务实之风，关键是要引导全党同志不断求我国社会主义初级阶段基本国情之真，务坚持长期艰苦奋斗之实；求社会主义建设规律和人类社会发展规律之真，务抓好发展这个党执政兴国的第一要务之实；求人民群众的历史地位和作用之真，务发展最广大人民根本利益之实；求共产党执政规律之真，务全面加强和改进党的建设之实。为落实求真务实精神，要做到以下几点：一要切实加强思想教育，不断提高党员干部求真务实的自觉性；二要切实抓好工作落实，把求真务实体现到各项工作中去；三要切实建立健全制度，为坚持求真务实提供体制保证。

以胡锦涛为代表的新一代党中央领导集体，在执政不久就提出要大力弘扬求真务实精神，并对这一精神的实质、内涵和基本要求作了阐释。显而易见，以胡锦涛为代表的新一代中央领导集体已经把弘扬求真务实精神提高到理论层面和战略意义上，要求全党予以重视和贯彻。

三、求真务实精神的继续和发展

胡锦涛在十七大报告中强调，中国特色社会主义事业是改革创新的事业。党要站在时代前列带领人民不断开创事业发展新局面，必须以改革创新精神加强自身建设，始终成为中国特色社会主义事业的坚强领导核心。胡锦涛指出，必须把党的执政能力建设和先进性建设作为主线，坚持党要管党、从严治党，贯彻为民、务实、清廉的要求，以坚定理想信念为重点加强思想建设，以造就高素质党员、干部队伍为重点加强组织建设，以保持党同人民群众的血肉联系为重点加强作风建设，以健全民主集中制为重点加强制度建设，以完善惩治和预防腐败体系为重点加强反腐倡廉建设，使党始终成为立党为公、执政为民，求真务实、改革创新，艰苦奋斗、清正廉洁，富有活力、团结和谐的马克思主义执政党。同时，重点强调切实改进党的作风，着力加强反腐倡廉建设。要坚持群众路线，真诚倾听群众呼声，真实反映群众愿望，真情关心群众疾苦，多为群众办好事、办实事，做到权为民所用、情为民所系、利为民所谋。以求真务实作风推进各项工作，多干打基础、利长远的事。加强调查研究，改进学风和文风，精简会议和文件，反对形式主义、官僚主义，反对弄虚作假。倡导勤俭节约、勤俭办一切事业，反对奢侈浪费。全党同志特别是领导干部都要讲党性、重品行、作表率。党的十七届四中全会进一步指出，“执政党的党风，关系党的形象，关系党和人民事业的成败”，要求在全党大兴求真务实之风，“把求真务实贯彻到治党治国各个方面各个环节，真正做到真抓实干、开拓创新”。

中共中央对求真务实精神这种认识上的深化，是有着深刻

的时代和现实背景的。它表明新的中央领导集体对我国国情、党所肩负的使命、党的自身现状、党所面临的挑战以及我国社会发展的基本情况有着清醒而成熟的认识。胡锦涛从全面贯彻“三个代表”重要思想和党的十六大精神、实现全面建设小康社会宏伟目标的战略高度，突出强调了在全党大力弘扬求真务实的精神、大兴求真务实之风的极端重要性。认真学习、深入贯彻这一重要思想，对于我们加快推进中国特色社会主义事业具有重要而深远的意义。

第二章　求真务实的基本内涵、本质、取向及指向

第一节　求真务实的基本内涵

“求真务实”四个字不是新词汇，它是由“实事求是”四个字转化而来的。唐代颜师古在为“实事求是”作注时说：“务得事实，每求真也。”它要求人们在实践中努力获得真实情况，把握事物运动的客观规律，使自己的言行符合客观实际，从而获得实际效果，是对实事求是内容的更进一步的深化和发展。

所谓“求真”，就是“求是”，也就是依据解放思想、实事求是、与时俱进的思想路线，去不断地认识事物的本质，把握事物的规律。我们求得对客观事物的认识之“真”，求得把握客观规律之“真”，只是获得了真理性的认识。“求真”

就是要深化对客观实际和客观规律两个方面的认识。“求真”包括两方面内容：一是求客观实际之“真”，即真切地了解实际情况；二是求事物发展规律之“真”，即深刻地认识客观规律。“求真”的内涵，正是这两方面内容的有机统一：真切地、全面地了解客观实际，是认识和把握事物发展客观规律的基础和前提；真切地认识和把握客观事物的发展规律，反过来也是进一步真切地了解客观实际的前提。把这两方面内容有机地统一起来，深化我们的认识，正是党中央强调“求真”的本意。应该说，近年来，在新情况下，我们对人类社会发展的规律，对中国特色社会主义建设的规律，对党自身建设的规律，还不能说已经真切地把握了。正因为党中央对此有清醒的认识，所以才强调求“真”，强调“求”对客观实际认识之“真”和“求”对事物发展规律把握之“真”，把这两方面的“求真”有机地统一起来。

所谓“务实”，则是要在规律性认识的指导下，研究和讨论完成某项工作的具体办法。内容上包括两个方面：（1）讲究实际，从事实际工作；（2）致力于具体的事情，并注重实效。即要求我们工作要重实际，深入实际，了解实际；就是重实践，在实践中发现真理，检验真理，完善真理；就是说实话，有一说一，不弄虚作假；就是务实事，要杜绝说大话、说空话；就是求实效，不搞花架子，不搞形式主义，不是看说得如何漂亮，而是看最终实际效果。因此，“务实”就要深入实际，了解实际，一切从实际出发，不凭想当然、主观臆断办事；就是要真抓实干，脚踏实地，不做表面文章，不弄虚作假，务必取得实实在在的成果与绩效。

其中“求真”获取真实情况、把握事物运动的客观规律是前提与根本依据，具有世界观与方法论意义；“务实”追求实际效果则是在唯物主义世界观和方法论指导下的实践及结果。“求真”是“务实”的手段与方法，“务实”是“求真”的任务与目的，“求真”与“务实”统一于实践之中。即“求真”的根本任务是运用已经获得的真理认识去改造世界。改造世界的过程，是检验真理的过程，也是发展真理的过程，而这一过程是在实践基础上的辩证统一。总之，“求真务实就是要求人们在实践中努力获取真实情况，把握事物运动的客观规律，使自己的言行符合客观实际，从而获得实际效果”[①]。

①中央党校邓小平理论和“三个代表”重要思想研究中心：《大力弘扬求真务实精神》，《光明日报》，2004年2月17日。

第二节　求真务实的精神本质

一、求真务实是马克思主义一以贯之的科学精神，求真务实实现了马克思主义科学精神的时代化

马克思主义是我们党的指导思想，马克思主义的理论基础和核心是辩证唯物主义和历史唯物主义，它的基本要求是主观与客观的统一。马克思主义认为，理论来源于实践，实践是检验真理的唯一标准，真理是人们对客观事物及规律的正确反映，真理的本性要求主观和客观相符合。人们只要获得了事物的真实情况，就能够认识和把握事物的客观规律，并且把它上升到理论高度反之用来改造事物，指导实践。“求真是指获取真实情况，把握事物运动的客观规律；务实是指从实际出发，追求实际效果。”“求真务实就是要求人们在实践中努力获取真实情况，把握事物运动的客观规律，使自己的言行符合客观实际，从而获得实际效果。”[①]因此，求真务实和马克思主义

①中央党校邓小平理论和“三个代表”重要思想研究中心：《大力弘扬求真务实精神》，《光明日报》，2004年2月17日。

的基本要求是相一致的，是辩证唯物主义和历史唯物主义一以贯之的科学精神。

马克思主义是我们团结奋斗的思想基础和精神支柱，对于马克思主义的科学精神，我们任何时候都必须毫不动摇地予以坚持。但这种坚持绝不是教条式的、机械的，必须根据时代的变化和实践的要求。只有实现马克思主义科学精神的时代化，才能把蕴涵其中的巨大精神力量转化为指导实践、推动发展的强大物质力量，切实显示科学理论的巨大威力。求真务实就是着眼于回答和解决如何更好地坚持马克思主义科学精神的问题，要求人们遵循马克思主义的认识论，坚持一切从社会主义初级阶段基本国情这个最大的实际出发，结合新世纪新阶段的新情况，探寻和把握中国特色社会主义建设规律，并用以指导实践，推动实践的发展。回顾我们党九十多年的奋斗历程，各项事业之所以不断取得新的伟大胜利，正是由于我们很好地坚持了马克思主义科学精神。坚持求真务实，就是坚持和弘扬主观符合客观、思想符合实际的马克思主义科学精神，就能够使党的全部理论和各项工作体现时代性、把握规律性、富于创造性。因此，我们必须按照求真务实的要求，以科学的态度对待马克思主义，按照时代的要求坚持马克思主义，通过实践的推动发展马克思主义。

二、求真务实是我们党的思想路线的核心内容，并赋予了党的思想路线以新的实践内涵

我们党的思想路线是“一切从实际出发，理论联系实际，实事求是，实践是检验真理的唯一标准”。一切从实际出发，就是从客观存在的事物及其规律出发，不以人的意志为转移。而求真务实也要求人们从客观实际出发，努力获取真实情况，把握事物的客观规律，并以此作为解决问题的基本依据。理论联系实际要求理论来源于实践，随着实践的发展而发展，并对实践起能动的反作用。而求真务实同样要求尊重客观实际，从实际出发，追求实际效果，追求真理。实事求是是指从客观事物中寻找出规律并作为行动的指南，体现着尊重客观规律和发挥主观能动性的统一。求真务实也同样要求从客观存在的事物中探求出真实规律，再为实践服务。总之，求真务实坚持实践性，尊重规律性，追求效果性。它与我们党的思想路线在本质上是一致的，是党的思想路线的核心内容。

中国共产党是具有马克思主义宽广眼界、勇于实践探索、善于思考总结、富于理论创新的党。把求真务实作为党的

思想路线的核心内容，是以胡锦涛为代表的党中央的重大理论创新。追溯我们党的历史，凡在重大的历史转折关头，我们党都能够着眼于革命和建设的实践不断进行理论创新，坚持做到把马克思主义基本原理与中国的具体实际相结合，以此实现党的思想路线的与时俱进。实践证明，党的思想路线的每一次创新，都会带来党的执政能力和领导水平的大提升，都会带来党和国家各项事业的大发展。毛泽东创立的实事求是思想路线，实现了马克思主义中国化的第一次飞跃，使我们党探索出一条中国革命的成功之路。邓小平重申和确立了解放思想、实事求是的思想路线，实现了马克思主义中国化的第二次飞跃，为我们党找到了中国特色社会主义道路。江泽民将“与时俱进”引入党的思想路线，赋予党的思想路线以新的时代内涵，引领全国人民踏上了全面建设小康社会的伟大征程。胡锦涛提出的求真务实的新要求，不仅与解放思想、实事求是、与时俱进一脉相承，而且是对党的思想路线的新概括、新认识、新提升。它突出强调实践第一的观点，突出强调在认识世界的同时着力改造世界，使党的思想路线的实践内涵更加深刻和完整，使党的思想路线的行动意义更加显现和具体。

求真务实凝聚了我们党思想路线的全部精华。我们党的思想路线，不但具有非常科学的理论构架和十分丰富的思想内涵，而且有着异常宝贵的思想精华。求真务实在我们党的思想路线科学的理论构架中居于主导性、根本性的核心地位，既集中体现和准确概括了党的思想路线的丰富内涵，又集中凝聚了我们党思想路线的全部精华。在“一切从实际出发，理论联系实际，实事求是，在实践中检验真理和发展真理”这条思想路线中，“一切从实际出发”、“联系实际”、“实事”和“实践”，字里行间凸显的都是一个大写的“实”字，这就充分地表明我们中国共产党人务的是实事，鼓的是实劲，重的是实践，靠的是实干，说的是实话，看的是实效；党的思想路线中的“求是”、“在实践中检验真理和发展真理”，字里行间昭示的则是一个庄严的“真”字，这就明确地表现了我们中国共产党人求的是真理，学的是真知，喜的是真实，察的是真相，凭的是真诚，探的是真谛。由此不难看出，党的思想路线丰富内容的基本精髓不是别的，正是赫然生辉的四个大字——“求真务实”。不难看出，求真务实蕴涵了由党的思想路线浓缩而成的全部精华。

“求真务实”体现了我们党思想路线的活的灵魂。在党的十二大、十六大、十七大党章界定的思想路线中，各部分内容不仅和求真务实有着有机的密切联系，而且“四句话”中的每一句话都渗透了求真务实的思想灵魂。“一切从实际出发”，是求真务实的前提、基础和出发点，只有在认识世界和改造世界的一切活动中能首先做到从实际出发，才能在认识上和工作中真正做到求真务实，否则只能是“求假务虚”；“理论联系实际”，既是马克思主义的一个基本原则和我党的优良作风，又是求真务实的基本要求和根本原则。只有把理论与实际有机地紧密结合起来，切实做到主观与客观、认识与实践、继承与创新相统一，才能真正发挥科学理论对革命、建设和改革实践的指导与引领作用，也才能真正做到“求真务实”；“实事求是”，就是从客观实际出发去研究事物内部的本质和规律性，获得正确的理性认识，从而作为我们从事实践的向导，这既是追求客观事物的规律性和真理性，又是追求作为主体活动的目的性和价值性，其实质就是按照客观事物的本来面目及其内在规律去认识世界和改造世界。从这一角度看，胡锦涛的“求真务实”与毛泽东的“实事求是”是一脉相承、完全一致的；“在实践中检验真理和发展真理”，既是求真务实的途径和过程，也是求真务实的结果和归宿。党的思想路线的这四个方面既相互区别，各有侧重，又互相关联，互为补充，而“求真务实”则是我们党思想路线的活的灵魂。

求真务实作为党的思想路线的核心内容，作为党的思想路线的最新科学表述，第一次把党的思想路线的科学精神和实践品质有机地统一了起来，把党的思想路线的实践品格直观地突出了出来，把党的思想路线的行动意义全面地提升了出来，把党的思想路线的丰富内涵完整地彰显了出来。由胡锦涛创新升华的党的“求真务实”的思想路线，简洁凝练，易懂易记，它既强调理论上的求真，更强调行动上的务实；既强调认识世界，更强调改造世界；既体现科学品格，更体现实践品格；既强调认识过程的第一次飞跃，更强调认识过程的第二次飞跃；既强调探索真理，更强调应用真理；既强调解放思想，理论创新，更强调“见诸行动，取得成效”。从而在形式与内容相结合、理论与实践相统一的更高层次上，使得我们党的思想路线的时代特色更加鲜明，理论形态更加完美，逻辑结构更加严谨，思想精髓更加集中，具体要求更加全面，使全党同志对党的思想路线的认识迈上了一个新的台阶，达到了一个新的境界，实现了一个新的飞跃。从而实现了党的思想路线的第四次与时俱进，具有划时代的理论意义和实践意义。如果说毛泽东的“实事求是”解决的是“洋化”、邓小平的“解放思想”解决的是“神化”、江泽民的“与时俱进”解决的是“僵化”，那么，胡锦涛的“求真务实”则着力解决的是“浮化”。

三、求真务实继承和发展了党的革命建设成功的优良传统

党的优良传统，是指中国共产党在长期实践中形成的好的作风、精神，建党、治党的成功经验，长期坚持的行为方式，以及老一辈革命家和优秀党员所体现的崇高品质、道德情操、精神面貌等。我们通常所说的党的优良作风、革命精神，它们都是党的优良传统的表现和有机组成部分。我们党一贯倡导求真务实。早在延安时期，毛泽东就要求全党同志要当老实人，说老实话，做老实事。邓小平曾告诫全党，世界上的事情是干出来的，不干，半点马克思主义都没有。江泽民也一再强调，在改进领导方法和工作作风上，首先要真抓实干，坚决克服官僚主义和形式主义。胡锦涛把求真务实提升到推进党和国家各项工作基础性、根本性的战略高度来认识，是理论创新的又一重大成果。九十多年来，党的优良传统培育、激励了一代又一代中国共产党人和中华民族的优秀儿女，为民族独立、人民解放、国家富强和人民幸福不畏

艰险，奋斗不息。党的优良传统是党的历史的一部分，是党的奋斗历程中成功经验的积淀和升华；是中国共产党领导中国人民争取独立和自由、为人民谋利益的伟大事业中崇高品质、道德情操、精神面貌的生动展示；是中华民族优秀传统的继承和发展，是中华民族精神中的精华。中国共产党人遵循社会发展规律，用共产主义理想信念激励党的优良传统，就其内在的精神实质来说，是党的先进性、党的宗旨、理想信念追求、价值取向的集中体现。

在党的优良传统中，求真务实的优良传统处于首要的、核心的地位。只有做到求真务实，才能坚持和发扬“艰苦奋斗、自强不息”的优良作风。坚持求真务实，正确地认识国情，深刻认识中国革命和建设任务的艰巨性、复杂性、长期性，才能使我们保持清醒的头脑，保持昂扬的革命精神，艰苦奋斗、自强不息。新中国建立前夕，毛泽东在党的七届二中全会上告诫全党，夺取全国胜利，这只是万里长征走完了第一步，“务必使同志们继续地保持谦虚、谨慎、不骄、不躁的作风，务必使同志们继续地保持艰苦奋斗的作风”。党的十一届三中全会以来，邓小平一再告诫全党，“我们穷，底子薄，教育、科学、文化都落后，这就决定了我们还要有一个艰苦奋斗的过程”。党的十三届四中全会以来，江泽民反复强调全党特别是领导干部要永远艰苦奋斗，指出，“艰苦奋斗，是中国共产党的光荣传统，是我们党保持同人民群众密切联系的一个法宝，也是一个干部特别是领导干部必须具备的基本政治素质”。改革开放三十多年来，我国现代化建设取得了举世瞩目的成就，综合国力大大增强，人民生活水平有了很大提高。但应清醒地看到，我国正处于并将长期处于社会主义初级阶段，生产力发展水平还不高，人均国内生产总值仍居于世界后列，人口多、底子薄、发展不平衡的状况将长期存在，这一基本国情决定了我国社会主义现代化建设的长期性和艰巨性。我们想问题、作决策、办事情，一定要坚持从基本国情这个最大的实际出发，既要增强做好工作的紧迫感，又必须克服急于求成、急功近利的心态和做法，老老实实地艰苦创业，踏踏实实地艰苦奋斗。

只有做到求真务实，才能坚持和发扬“全心全意为人民服务”的优良作风。马克思主义认为，人民群众是历史的创造者，是社会实践的主体，也是社会利益的主体。胡锦涛关于求人民群众的历史地位和作用之真，务发展最广大人民根本利益之实，把坚持全心全意为人民服务，摆正同人民群众的关系作为坚持求真务实根本准则的要求，充分体现了尊重社会发展规律的马克思主义真理观和着眼于实现人民利益的马克思主义价值观的内在统一。只有做到求真务实，才能坚持马克思主义群众观，牢记党的根本宗旨，以党和人民的事业为重，把全心全意为人民服务作为人生的最大幸福与追求，才能产生求真务实的巨大勇气和内在动力，才能具有强烈的事业心和责任感。

只有做到求真务实，才能坚持和发扬“清正廉洁、甘于奉献”、“批评与自我批评”的优良作风。进一步把党建设好，提高党的执政能力，关键是坚持求真务实。应该肯定，在改革开放和现代化建设的实践中，广大党员干部在求真务实、真抓实干上做得是好的，但也存在一些亟待解决的突出问题，这些问题都是同党的宗旨和性质格格不入的，都是同人民群众的利益格格不入的，必然会引起群众的强烈不满。要解决这些问题，一方面，要勇于开展批评与自我批评，像胡锦涛所要求的那样，常修为政之德，常思贪欲之害，常怀律己之心。另一方面，要向焦裕禄、孔繁森等模范人物学习，树立正确的权力观、地位观和利益观，坚持和发扬为民、亲民、爱民和“清正廉洁、甘于奉献”的优良作风，永葆共产党人和人民公仆的革命本色。

只有做到求真务实，才能坚持和发扬“理论与实践相统一”的优良作风。在长期的革命和建设实践中，我们在对社会主义建设规律和人类社会发展规律的认识上取得了重大的成果。这些成果深刻地体现在毛泽东思想、邓小平理论和“三个代表”重要思想中，体现在党的基本路线、基本纲领和基本经验中，体现在十一届三中全会以来党和国家的各项方针政策中。坚持以人为本，树立和落实全面、协调、可持续的发展观，做到统筹城乡发展、统筹区域发展、统筹经济社会发展、统筹人与自然和谐发展、统筹国内发展和对外开放，就是我国三十多年改革开放和现代化建设实践经验的科学总结，是全面建设小康社会的必然要求，符合社会发展的客观规律。我们要用这些成果指导实践，坚持按客观规律办事，坚持“理论与实践相统一”，更加自觉地坚持以经济建设为中心，更加自觉地促进社会主义物质文明、政治文明和精神文明的协调发展，更加自觉地促进社会全面进步和人的全面发展，更加自觉地促进经济社会可持续发展。

因此，求真务实是党的优良传统的核心内容，是其他优良作风的基础与核心，其他优良作风则是求真务实优良传统的体现与延伸。

四、求真务实是共产党人应该具备的政治品格

共产党是无产阶级的先锋队，其伟大之处在于既为本阶级谋求利益，更为广大的人民群众谋取幸福。共产党的历史使命是实现共产主义，建立人类历史上最为完美的社会。共产党所从事的事业是一项艰巨而又崇高的伟大事业，完成这项事业要求共产党人必须具备求真务实的精神，使自己的主观认识和客观实际相统一，脚踏实地地去完成每个阶段的奋斗纲领。共产党的性质、宗旨以及历史使命要求每个共产党员尤其是领导干部必须将求真务实的精神和作风熔铸到自己的世界观、人生观和价值观之中，成为自身具备的一种政治品格。

求真务实是辩证唯物主义和历史唯物主义一以贯之的科学精神，是我们党的思想路线的核心内容，也是党的优良传统和共产党人应该具备的政治品格。这是从马克思主义哲学的世界观角度和对中国共产党的思想路线、政治品格的要求角度对“求真务实”精神的精神本质作出的科学概括。

第三节　求真务实的价值取向

通过对求真务实精神提出背景的了解和把握，我们从战略高度认识大力弘扬求真务实精神，大兴求真务实之风的重要性，进而对求真务实精神的基本内涵和精神本质有了深刻的把握。同时，为增强大力弘扬求真务实精神、大兴求真务实之风的自觉性和能动性，还必须从理论上充分认识求真务实精神的价值取向。

一、在认识领域的“求真”取向。“求真”是“务实”的前提和根本依据

“求真”之“真”，包括求世情、国情、党情之真。正确认识世情，按照世情制定出我们国家的发展战略和治国方略，是在对外开放中坚持求真务实的根本依据；正确认识国情，按照国情制定出正确的路线方针政策，并自觉地按照这一路线方针政策开展工作，是在全面坚持小康社会实践中坚持求真务实的根本依据；正确认识党情，按照党情制定出新时期党的建设的重点和策略，是在全面推进党的建设新的伟大工程，加强党员干

部队伍建设，提高党的执政能力中坚持求真务实的根本依据。

二、在价值领域，求真务实精神的本质和最终目的是为了实现好、维护好、发展好最广大人民群众的根本利益

中国共产党是中国最广大人民根本利益的忠实代表和坚定的维护者。我们党要始终代表中国最广大人民的根本利益，就是党的理论、路线、纲领、方针和各项工作，必须坚持把人民的根本利益作为出发点和归宿，充分发挥人民群众的积极性、主动性、创造性，在社会不断发展进步的基础上，使人民群众不断获得切实的经济、政治、文化利益。不仅如此，实现好、维护好、发展好中国最广大人民的根本利益，还要靠党的优良作风，必须把加强和改进党的作风建设作为维护人民群众根本利益的重要措施和政治保证抓实抓好。从这一角度说，坚持全心全意为人民服务，摆正同人民群众的关系，是大力弘扬求真务实精神，大兴求真务实之风的根本准则。

三、在实践领域，坚持“实践第一”的取向

首先，“实践第一”的取向表现在“求真”上，要求

“求真”绝不能只注重形而上学的推理，而应该在全面建设小康社会的伟大实践中，进一步解放思想、实事求是、与时俱进，以实践来检验一切，自觉从那些不合时宜的观念、做法和体制的束缚中解放出来，从对马克思主义的错误的和教条式的理解中解放出来，从主观主义和形而上学的桎梏中解放出来，总结新经验、扩展新视野、作出新概括，谱写出新的理论篇章。其次，“实践第一”的价值取向，要求我们在认识规律、把握规律和遵循规律的基础上，落脚点要归结到运用规律上，这是坚持求真务实的根本要求。“三个代表”重要思想是在坚持邓小平理论，在实践中丰富和创造性地发展邓小平理论的过程中，认真总结我国社会主义建设的实践，特别是十三届四中全会以来党和人民在建设中国特色社会主义实践的基础上形成的，体现我们党对共产党执政规律、社会主义建设规律和人类社会发展规律的认识，达到了新的理论高度。这就要求我们在全面建设小康社会的伟大实践中，必须全面贯彻落实“三个代表”重要思想，用“三个代表”重要思想指导新的实践，把“三个代表”重要思想付诸实践、见诸行动、取得成效。要引导广大党员干部特别是各级领导干部，紧密联系全面建设小康社会的实践，坚持讲实话、出实招、办实事、务实效，把工作的着力点真正放到研究解决改革发展稳定中的重大问题上，放到研究解决群众生产生活中的紧迫问题上，放到研究解决党的建设中的突出问题上，坚持以求真务实精神抓落实，并在抓落实的实践中不断提高坚持求真务实的自觉性和坚定性。最后，“实践第一”的价值取向要求我们在社会主义建设实践中，切实建立健全制度，为坚持求真务实提供体制保证。要坚持和完善各项学习制度、调查研究制度、联系群众制度、民主集中制的各项制度、民主决策制度、各项公开办事制度，特别是要认真执行并进一步完善干部选拔任用制度，以及新近出台的《中国共产党党内监督条例（试行）》，以制度建设和创新来保证全党在全面建设小康社会的伟大实践中大力弘扬求真务实精神，大兴求真务实之风。

第四节　求真务实的实践指向

“求真务实”是树立科学发展观、政绩观、人才观的方法论前提，也是贯彻落实科学发展观、政绩观、人才观的方法论依据，具有鲜明的实践指向。

在“求真务实”精神指导下，以胡锦涛为代表的党中央高举邓小平理论伟大旗帜，全面贯彻“三个代表”重要思想，认真分析世界政治经济发展趋势，着眼于全面建设小康社会的伟大实践，提出并深刻论述了全面、协调、可持续的发展观，讲实话、出实招、办实事、务实效的政绩观和人才资源是第一资源的人才观，显示了我们党解放思想、实事求是、与时俱进的理论勇气和开拓创新、总揽全局的执政能力。

进入全面建设小康社会的发展阶段，发展的深层次矛盾和问题日益凸显，突出表现在：经济社会发展不平衡，“一条腿长，一条腿短”；物质文明和精神文明建设不协调，“一手硬，一手软”；城乡二元经济结构，使“三农”问题更加突出；区域发展不平衡，使地区差距存在扩大趋势；经济的快速增长，对资源、环境的压力日益加大。这些问题迫使我们从我国国情出发，进一步深入思考和回答中国为什么发展和怎样发展等一系列重大问题，并逐步形成了坚持以人为本，树立全面、协调、可持续的科学发展观。牢固树立和认真落实科学发展观，要求我们要求真务实，探索把“以经济建设为中心”落实到坚持以人为本上来，落实到“五个统筹”上来，落实到促进人与自然的和谐发展上来，落实到“人才强国”战略上来，落实到使广大人民群众从改革发展中获得更多实惠上来的方法与手段。

科学的发展观和正确的政绩观是内在统一的。科学的发展观引导着正确的政绩观，正确的政绩观实践着科学的发展观。按照科学发展观的指导，把我们党执政兴国的第一要务落实好，把最广大人民群众的根本利益实现好、维护好、发展好，这就是共产党人的最大政绩。否则，违背科学发展观的要求，片面地追求经济的增长而忽视社会的全面发展、忽视环境保护和资源的可持续利用，到头来损害的只能是最广大人民的根本利益和党的形象。中国共产党是全心全意为人民服务的党，因此，对广大党员干部政绩的衡量应该以服务对象的拥护不拥护、赞成不赞成、高兴不高兴、答应不答应作为衡量标准。这一衡量标准，对我们党坚持和贯彻求真务实精神，大兴求真务实之风提出了更高的要求。

在全面建设小康社会的实践中，我党提出了科学人才观和人才强国战略的思想。科学人才观在坚持人才重要性的基础上，提出“人才资源是第一资源”，人人都可以成才，人才存在于人民群众之中的观点。科学人才观为人才强国战略的实施提供了思想基础。在科学人才观的指导下，我们通过实行大教育，即创建学习型社会的手段，去开发蕴藏在广大人民群众中的人才资源，使我国实现从人口大国向人力资源强国的转变，把人口压力转化为人力资源的优势。科学人才观和人才强国战略的确立，具有开创性意义，标志着我们党对社会主义建设规律和人才开发规律的认识达到了一个新的理论高度。但同时，我们也应该认识到，如何在实践中探索出一条把人口压力转化为人才资源优势的道路，是一项开创性事业，没有别国经验可循。这就要求我们在全面建设小康社会的实践中，求真务实，开拓创新，并在实践创新的基础上总结新的经验，扩展新的理论视野。

从以上分析中可以看出，求真务实是中国共产党人的世界观和方法论。它是指导全面建设小康社会实践深入下去的锐利武器；既是科学发展观、政绩观、人才观产生的方法论前提，又是推进科学发展观、政绩观、人才观落实到实际中去的方法论依据。重提“求真务实”，不仅因为有些人已经淡忘了它，更重要的是由于我们面对全面建设小康社会，实现中华民族伟大复兴的历史重任时，理论创新和实践创新的现实，需要我们大力弘扬求真务实精神，大兴求真务实之风。

第五节　求真务实的伟大意义

一、求真务实提供了树立正确世界观、人生观和价值观的现实途径，有利于解决一些党员干部权力观、地位观和利益观的错位问题

世界观、人生观和价值观指导着人们的行为选择，关系着人们的价值判断，决定着人们的价值取向。对党员干部来讲，世界观、人生观、价值观更直接、更集中、更具体地体现为权力观、地位观和利益观。不可否认，随着社会经济成分、组织形式、就业方式、利益关系和分配方式的日益多样化，一些干部群众的思想观念和价值取向呈现出多样化趋势，特别是少数党员干部由于放弃世界观改造，人生观和价值观发生扭曲，权力观、地位观和利益观出现错位，从而导致了形式主义、官僚主义和极端个人主义等不良风气的滋长。要彻底解决这一问题，就必须适应新形势的新要求，改进和强化对党员干部的教育、管理和监督工作。而求真务实正是为广大党员干部树立正确的世界观、人生观和价值观提供了有效的载体，为解决部分

党员干部权力观、地位观和利益观错位问题找到了现实的途径。

二、求真务实精神的提出顺民心、合民意、顺应时代潮流

求真务实，既是一种精神，一种作风，又是一种理念，一项准则，一项要求，一种素质，一种态度。既有内涵上的深度，又有外延上的广度。求真务实，能如此迅速在神州大地上传播，一个重要原因是由于它的信息符号深入浅出！涉及面广、鲜明可感，有感召力、凝聚力，它切合党内实际情况，符合最广大人民群众的心愿，从而迅速化成广大干群的口头禅和实际行动，求真务实既折射了以胡锦涛为代表的党中央亲民为民利民的务实新风，又揭示了我们的政党言为心声、取信于民的执政真谛。

历史和现实都表明，一个政党，一个国家，能不能培养出优秀的领导人才，在很大程度上决定着这个政党、国家的兴衰存亡。政治路线确定之后，干部是决定因素。办好中国的事情，关键在党，关键在人。党的十六大和十届人大把新一届党和国家领导人推上中国政治舞台，新一届领导班子开始确立并

实施以人为本、立党为公、执政为民的亲民政策，努力树立平民政府形象。从新一届中央委员会的组成中，人们看到了党和国家的事业后继有人的希望。人大代表们普遍认为，新政府成员整体素质好，知识层次高，年富力强，公道正派，联系群众，清正廉洁，是一个朝气蓬勃、奋发有为、值得信赖、充满活力的中央领导集体，是我们党始终走在时代前列，经受住各种风险考验，领导全国各族人民把中国特色社会主义事业不断推向前进的重要保证。国家教育部2004年6月公布了第13次高校学生思想政治状况滚动调查。约1.5万份调查问卷显示，大学生赞同《关于完善社会主义市场经济体制若干问题的决定》，认为以胡锦涛为代表的中央领导集体是一个“求真务实、开拓创新的集体，是一个办事果敢、值得信赖的集体，是一个亲民爱民的集体”①。“当今时代的突出特征是世俗化与强权政治相交融”，处在这样一个国际环境中的中国人民渴求和平与发展的愿望比任何时候都更加强烈。新一届领导人继往开来，应时顺民，提出‘聚精会神搞建设、一心一意谋发展’的建设发展战略，是对世俗强权时代的回应；同时又提出‘立

①原春琳：《调查表明大学生普遍认为中央领导集体亲民爱民》，《中国青年报》2004年版。

党为公、执政为民’的德政纲领和平民政治范式，是对‘公民社会’社会情操的准确匹配。历史经验证明，只有与社会情操相匹配的政治范式才有生命力”[①]。时势造英雄，新一届中央领导人的亲民政策和平民政府形象，说到底是这个时代的产物。

三、求真务实、以民为本，保持党与人民的血肉联系是巩固党的执政地位的根本保证

20世纪后半期，在世界政党政治的发展进程中，出现了一种令人深思的现象：一些连续执政长达几十年的大党、老党，接二连三地失去执政地位，其中包括连续执政74年的苏联共产党；连续执政71年的墨西哥革命制度党；连续执政40年的印度国大党；连续执政38年的日本自民党；连续执政32年的印尼集团和连续执政50年的台湾国民党。尽管这些政党丧失执政地位的原因多种多样，错综复杂，但是，有一点是共同的，这便是随着这些党执政时间的延续，其自身的矛盾和问题越积越多，导致其赖以存在的民众基础由强到弱，而最终丧失执政地位。

①夏学鉴：《从“天道”到“人道”——新一届中央领导亲民政策解读》，《时事报告（大学生版）》，2003年版。

可见，人民群众是历史的创造者，民为邦本，本固邦宁。我们党成为执政党，是历史的选择、人民的选择。加强党的执政能力建设，是时代的要求、人民的要求。[①]求真务实的动力来源于党对人民群众血肉联系的深刻体认。江泽民在十六大报告中指出："我们党最大的政治优势是密切联系群众，党执政后的最大危险是脱离群众。"[②]正如《中共中央关于加强党的执政能力建设的决定》指出的，"无产阶级政党夺取政权不容易，执掌好政权尤其是长期执掌好政权更不容易。党的执政地位不是与生俱来的，也不是一劳永逸的"[③]。

共产党有先进理论的指导，具有无可置疑的先进性，但这并不意味着党的执政地位可以与生俱来。党在中国执政靠的是党的理论、路线、方针、政策的正确，靠的是广大党员的奋斗牺牲，靠的是人民群众的拥护和支持。中外历史一再证明：执政党如果脱离群众，其执政地位就有丧失的危险，党就有走向自我毁灭的可能。而具备了以民为本的意识，执政者才会真正把人民满意不满意、高兴不高兴、赞成不赞成、拥护不拥护作

①《中共中央关于加强党的执政能力建设的决定》，《求是》2004年版。

②《全面建设小康社会 开创中国特色社会主义事业新局面》，《中国共产党第十六次全国代表大会文汇编》人民出版社2002年版，第53页。

③《中共中央关于加强党的执政能力建设的决定》，《求是》2004年版。

为判断一切工作好坏的最高标准，永远与人民鱼水不离，血肉相连，患难相依，同呼吸，共命运，心连心。“得人心者得天下，失人心者失天下”。从执政的基本规律看，人民选择执政党并不是一朝确定便永远不变的，执政党在多大程度上实现人民利益，人民就在多大程度上拥护和支持执政党。执政党能否长期执政，归根结底取决于人民群众对执政党的执政活动和执政成效的满意程度。我们说“党的执政地位不是一劳永逸的”根本道理就在这里。十六大以来，新一代中央领导集体十分重视“为民”思想。胡锦涛从2002年12月26日在西柏坡考察时提出“权为民所用，情为民所系，利为民所谋”，到2003年7月1日的讲话中强调，“坚持立党为公、执政为民，必须落实到党和国家制定和实施政策的工作中去，落实到各级领导干部的思想和行动中去，落实到关心群众生产生活的工作中去。更具体、更现实、更直接地讲，就是要求我们党始终坚持做到权为民所用、情为民所系、利为民所谋”[①]。再到2004年1月12日在中纪委第三次全体会议上提出“求人民群众的历史地位和作用之真，务发展最广大人民根本利益之实”[②]，先后数次提出

①《在“三个代表”重要思想上的讲话》，《人民日报》2003年7月2日。

②《大力弘扬求真务实精神 大兴求真务实之风 继续深入开展党风廉政建设和反腐败斗争》，《人民日报》2004年1月13日。

“执政为民”、“群众利益无小事”、“实现好、发展好、维护好人民群众的利益”、“为民”、“务实清廉”等“为民”的标准、要求和措施，形成了新一代中央领导集体亲民爱民的“平民政治”思想，新一代中央领导集体上任以来采取了一系列措施解决人民最关心的问题，“亲民、爱民、为民”的政府形象已经树立。参照各种事件和政策举措来解读新一代中央领导集体任职以来的施政风格，从中我们不难看到，中国共产党的执政权与民生、民利、民心、民愿越来越近。这反映出党不仅越来越重视执政权的人民性建设，也越来越重视执政地位的合法性建设，将执政地位的巩固与否、执政合格与否和广大人民群众的支持紧密联系起来，让群众成为党执政的铜墙铁壁。

四、求真务实有利于党在执政建设中增强忧患意识，提高执政能力

增强忧患意识是我们治国安邦的重要思想和重要方略。我国历代政治家、思想家在总结历史上破家亡国的惨痛教训时，得出“忧劳可以兴国、逸豫可以亡身”的结论，警示后人居安思危，有备无患。孔子认为“君子安而不忘危，存而不忘

亡，治而不忘乱”，才能“身安而国家可保也”[①]。一个政党在取得政权后，怎样有效地执掌政权、治理国家，是一个历史性、世界性的课题。从革命党转变为执政党后，中国共产党也一直在努力破解这个课题。党的十六届四中全会通过的《中共中央关于加强党的执政能力建设的决定》，是中国共产党历史上第一份全面总结执政经验、专门论述执政能力建设、指导全党担当起执政兴国历史使命的纲领性文件。《中共中央关于加强党的执政能力建设的决定》指出：“党的执政能力，就是党提出和运用正确的理论、路线、方针、政策和策略，领导制定和实施宪法和法律，采取科学的领导制度和领导方式，动员和组织人民依法管理国家和社会事务，经济和文化事业，有效治党治国治军，建设社会主义现代化国家的本领。”[②]这是党中央的文件中，第一次对“党的执政能力”的定义。《决定》还指出：“执政能力建设是党执政后的一项根本建设。”[③]这是一个重要的新论断，突出强调了执政能力建设在党的建设中的重要地位，突出了新形势下我们党要为人民执掌好政权尤其是长期执掌政权的根本要求，体现了我们党对执政规律认识的深

①《易经·系辞》。
②《中共中央关于加强党的执政能力建设的决定》，《求是》2004年版。
③《中共中央关于加强党的执政能力建设的决定》，《求是》2004年版。

化，实现了我们党执政理念的一次新飞跃，是我们党对工人阶级政党执政理论的一个重大创新作出的这一重大判断，充分体现了我党求真务实、居安思危的忧患意识。中国共产党从成立之日起，就是中国工人阶级的先锋队，以全心全意为人民服务为唯一宗旨。但是，毋庸讳言，在我们党内，特别是领导干部中间，也存在着比较严重的官僚主义和腐败现象。一些公仆已堕落为共和国的蛀虫，人民的罪人，这些人在其“忏悔录”中使用最多的字眼是“放松了世界观的改造”，贪图享乐，而实质上缺乏忧患意识，更是他们走上不归路的一个重要原因。由此可见，当忧患意识深扎于执政者头脑之中时，就会转化为一种求真务实的压力和动力，而压力和动力对保持和巩固执政地位是十分必要的。

“中央一直强调，全党同志要居安思危、增强忧患意识，随时准备应对可以预料的和难以预料的，来自国内的和来自国外、境外的，来自经济生活中的、社会政治生活中的以及自然界的各种困难和风险。”[①]今天突出强调求真务实有着很强的现实针对性和指导意义，因为“党的执政能力同党肩负的

---

①《用“三个代表”重要思想武装头脑指导实践推动工作》，《求是》2004年版。

重任和使命总体上是适应的”。关于形势，可以用2004年7月23日政治局会议提出的两句话概括：“国际形势发生了深刻变化，国内改革发展处于关键时期。”2004年7月12日的《人民日报》头版评论对“关键时期”给予了权威解读，认为在此时期，既有难得的机遇又有严峻的挑战，既是“黄金发展期”，同时也是“矛盾凸显期”[①]。时代对党执政能力建设提出了更高的要求。

加强党的执政能力建设是巩固党的执政地位的一项关键任务，从执政党建设的整体和全局看，党的各方面建设最终都应体现到党的执政能力上来，体现到巩固党的执政地位上来。为实现通过全党共同努力，使党始终成为立党为公、执政为民的执政党，成为科学执政、民主执政、依法执政的执政党，成为求真务实、开拓创新、勤政高效、清正廉洁的执政党，归根到底成为始终做到“三个代表”永远保持先进性、经得住各种风浪考验的马克思主义执政党，带领全国各族人民实现国家富强、民族振兴、社会和谐、人民幸福[②]。这一加强党的执政能力建设的总体目标，我们必须在“当前和今后一个时期，按照

① 任仲平：《再干一个二十年——论我国改革发展的关键时期》，《人民日报》2004年7月12 日。

②《中共中央关于加强党的执政能力建设的决定》，《求是》2004年版。

推动社会主义物质文明、政治文明、精神文明协调发展的要求，不断提高驾驭社会主义市场经济的能力、发展社会主义民主政治的能力、建设社会主义先进文化的能力、构建社会主义和谐社会的能力、应对国际局势和处理国际事务的能力[①]。坚持党的解放思想、实事求是的思想路线，大力弘扬求真务实精神、倡导求真务实的工作作风、认真贯彻求真务实思想，始终坚持党的先进性，不断提高党的战斗力，把中国共产党建设成实现中华民族伟大复兴的领导核心，坚决克服党内存在的消极腐败现象，以此推动社会主义物质文明、精神文明和政治文明的健康发展，为实现中华民族在新世纪的全面复兴夯实基础。

①《中共中央关于加强党的执政能力建设的决定》，《求是》2004年版。

第三章　求真务实的基本内容

第一节　以毛泽东为代表的第一代领导集体求真务实的思想

胡锦涛指出："我们党一贯倡导求真务实。早在民主革命时期，毛泽东同志就号召全党要把革命气概和实际情况结合起来，告诫全党同志要老老实实地办事，在世界上要办成几件事没有老实态度是根本不行的。"①求真务实思想始终贯穿在毛泽东的革命与国家建设中，它是毛泽东思想的重要组成部分。毛泽东的求真务实的思想是他对中国革命和建设的经验总结，它在理论上表现为对中国革命和建设过程中各种规律、实质的探索，在实践上体现出务实的精神。它丰富而深刻的内涵表现

①中共中央文献研究室：《十六大以来重要文献选编（上）》，中央文献出版社2005年版，第724页。

在以下几个方面：[①]

一、强调要抓住事物的实质，反对被现象所迷惑

毛泽东指出，我们看问题、办事情就需要通过现象来科学地分析其内在的实质和规律，而不能被表面所迷惑。每当中国革命处于困难挫折和面临生死存亡时，他总能力挽狂澜、挽救党和革命。究其原因，主要是他能够从眼花缭乱的现象中追问和探究其实质和根源，并善于将理论与实际相结合，始终能坚持求真务实思想。他常常教育党内同志对待事物要看实质，不要被表面现象所迷惑，要正确处理眼前利益与长远利益的关系、局部利益和整体利益的关系。他指出，“犯着革命急性病的同志”[②]、持“单纯军事观点”[③]的同志及抗日战争中宣扬“速胜论”和“必亡论”的人就是被表面现象所迷惑的例证。

---

①娄丹，赵丽涛：《论毛泽东的求真务实思想及其当代意义》，《湖北第二师范学院学报》2011年版。

②《毛泽东选集》第1卷，人民出版社2005年版，第99页。

③《毛泽东选集》第1卷，人民出版社2005年版，第86页。

二、注重调查研究，批判脱离实际的空谈

要做到求真务实，在实践上就要注重实际的调查研究而非空谈。毛泽东认为“没有调查，就没有发言权”[①]，“你对那个问题的现实情况和历史情况既然没有调查，不知底里，对于那个问题的发言便一定是瞎说一顿”[②]。的确，对于存在的问题只是从“头脑”里去找答案，只是主观地瞎说。这貌似冥思苦想，实际上根本没有解决问题，反而使问题更加复杂。而要解决问题就要踏踏实实地去调查研究。毛泽东一针见血地指出，调查的过程就是解决问题的过程，“调查就是解决问题”[③]。只有通过详细地调查研究，才可能了解问题的来龙去脉，才能“对症下药”。否则就会瞎说乱说，没有针对性。毛泽东经常告诫党内同志要实事求是，特别是中国革命斗争的胜利是离不开对实际国情、敌情、党情的了解的。所以，他要求同志们不要安于现状、不求甚解。要到斗争中去，到广大的人们群众中作实际的调查。

毛泽东不仅要求全党同志要求真务实，而且他也是践

①《毛泽东选集》第1卷，人民出版社2005年版，第199页。
②《毛泽东选集》第2卷，人民出版社2005年版，第109页。
③《毛泽东选集》第1卷，人民出版社2005年版，第110页。

行求真务实思想的典范。在第一次国内革命战争时期，党内外对当时农民斗争表示怀疑、不满。为了澄清事实，回击党内外特别是别有用心的人的责难，以继续发挥农民运动的作用，毛泽东在湖南进行了32天的考察工作。针对“糟得很”论调，毛泽东用无可辩驳的实际情况证明农民运动“好得很”。毛泽东在《农村调查》的序中说：“要了解情况，唯一的方法是向社会调查……”[①]而作调查就要了解调查技术，毛泽东对这个问题有全面而深刻的论述。他对于调查要调查到什么人、开调查会人多好还是人少好作了具体的分析；同时，毛泽东强调了要定调查纲目、要亲自出马、要深入、要自己做记录。毛泽东不仅分析了实际调查的重要性，而且系统地阐述了调查方法问题，宣传了求真务实的思想，批判了脱离实际的空谈瞎说。

三、倡导务实精神，反对不良作风

毛泽东的求真务实思想不仅强调“求真”，而且注重“务实”。强调务实，就要做到理论必须联系实际。毛泽东说：“如果只是口头上讲联系，行动上又不实行联系，那么，

① 《毛泽东选集》第3卷，人民出版社2003年版，第789页。

讲一百年也还是无益的。”[①]“对待马克思主义理论，要能够精通它、应用它，精通的目的全在于应用。”[②]他告诫全党同志要从实际出发，坚持务实的精神，按规律去实践和行动。同时，坚持务实精神就不要弄虚作假，搞形式主义。要务实，而非务虚，反对形式主义，这是共产党人必须坚持的立场和原则。

本本主义、自由主义、主观主义、宗派主义以及党八股等不良的思想作风是和求真务实精神背道而驰的，毛泽东对这些不良思想有深刻的分析。第一，重理论，轻应用。中国的革命的确需要马克思主义的指导，学习正确的理论无可厚非，但是理论必须与实际情况相结合。毛泽东说：“马克思主义的‘本本’是要学习的，但是必须同我国的实际相结合。我们需要‘本本’，但是一定要纠正脱离实际情况的本本主义。”[③]第二，重利益，轻原则。这主要是自由主义的特点，它导致人们消极堕落、不思进取、损人利己等。它不是坚持求真务实，而是弄虚作假、趋利避害，对革命有极大的危害。毛泽东在《反

①《毛泽东选集》第3卷，人民出版社2003年版，第820页。
②《毛泽东选集》第3卷，人民出版社2003年版，第815页。
③《毛泽东选集》第1卷，人民出版社2005年版，第111—112页。

对自由主义》中系统分析了当时党内自由主义的表现形式，主要是：对人不对事、言行不一、“事不关己，高高挂起；明知不对，少说为佳；明哲保身，但求无过”、个人主义、没有责任意识、“敷衍了事、得过且过”[①]、有错不改等。这些不良作风是务实精神的敌人，它会腐蚀人们的思想，对革命有百害而无一利。第三，重形式，轻实效。主观主义、宗派主义、党八股就表现为此特点。坚持求真务实的思想就要和这些不良的作风划清界限。

第二节　以邓小平为代表的第二代领导集体求真务实的精神

求真务实，是邓小平在他一生的伟大实践和理论创造活动中所表现出来的革命精神和优良作风。邓小平之所以能够领导我们党取得社会主义现代化建设的不断胜利，与他求真务实的精神和作风是分不开的。邓小平堪称是求真务实的楷模和光辉典范：[②]

---

①《毛泽东选集》第2卷，人民出版社2005年版，第359—360页。

②焦存朝：《试论邓小平的求真务实精神》，《理论月刊》2001年版。

一、坚持一切从实际出发

邓小平在领导我国社会主义革命和建设的过程中，一贯坚持“一切从实际出发”这一马克思主义的基本原则，始终强调想问题、办事情都要从实际出发。早在1957年4月，邓小平就明确指出“我们搞建设，不要脱离实际”，[①]“不要脱离国家的现实”。[②]粉碎“四人帮”以后，针对“文革”期间我们在社会主义建设中所存在的教条主义、主观主义的错误倾向，邓小平强调指出：“按照实际情况制定工作方针，这是一切共产党员所必须牢牢记住的最基本的思想方法、工作方法。”[③]“制定一切政策，都要从实际出发。”[④]“只有采取实事求是的态度，一切从实际出发”，“才有可能正确地或比较正确地解决问题”[⑤]。邓小平不仅要求我们的广大干部想问题、办事情都要从本地区、本部门的实际出发，而且要身体力行。他一贯反对凡事从本本出发，从个人的经验和主观愿望出发的主观主义的错误倾向，始终坚持从国内外的实际出发，去

①《邓小平文选》第1卷，人民出版社1989年版，第269页。
②《邓小平文选》第1卷，人民出版社1989年版，第267页。
③《邓小平文选》第2卷，人民出版社1983年版，第114页。
④《邓小平文选》第3卷，人民出版社1993年版，第288页。
⑤《邓小平文选》第2卷，人民出版社1983年版，第114页。

思考和解决问题。例如，他从我国是在生产力比较落后、商品经济不发达的条件下进行社会主义现代化建设的这样一个实际出发，创立了社会主义初级阶段的理论；从我国的生产力水平较低并且发展不平衡这样一个实际出发，提出了让一部分地区、一部分人先富裕起来，以先富带后富，分三步实现现代化的发展战略；从我国大陆和香港的历史和现实情况出发，提出了用“一国两制”的方式和平统一祖国的科学构想，实现了香港的顺利回归等。邓小平对我国社会主义现代化建设一系列重大的理论和现实问题的正确解决，都是他坚持一切从实际出发的必然结果。

二、讲求真抓实干

邓小平不仅是一个著名的理论家、思想家，而且是一个著名的实干家。他反对空谈和不切合实际的空想，主张真抓实干，强调要办实事，解决实际问题。他曾多次批评我们一部分干部身上存在的只讲不做的工作作风，告诫广大干部要“少讲空话，多干实事”①。他强调指出：“要切实解决问题。要踏踏实实地工作。一句话，就是要落到实处。讲空话、说大话、

①《邓小平文选》第3卷，人民出版社1993年版，第121页。

说假话的恶习必须杜绝。”①“领导者必须多干实事。那种只靠发指示、讲空话过日子的坏作风，一定要转变过来。”②邓小平反对坐而论道，主张一事当前，首先是干、是行动，边干边总结经验，在干中摸索解决问题的正确方法。他一再强调社会主义现代化事业是干出来的，而不是讲出来的。当有些人对改革开放中出现的各种问题争论不休时，邓小平提出了“不搞争论，要大胆地试，大胆地闯”的思想。他指出：“不搞争论，是我的一个发明。不争论，是为了争取时间干。一争论就复杂了，把时间都争论掉了，什么也干不成。不争论，大胆地试，大胆地闯。”③邓小平强调不搞争论，并不是不要搞清楚理论是非，而是为了争取时间，紧抓实干，在干中总结经验，求得对事物规律性的认识，在干中寻找解决问题的正确答案。“不搞争论，大胆地试，大胆地闯”的思想，集中地体现了邓小平不尚空谈，少说多做，讲求实干的务实精神。

三、追求实效

邓小平不仅强调要从实际出发来制定方针政策，要真抓

①《邓小平文选》第2卷，人民出版社1983年版，第99—100页。
②《邓小平文选》第3卷，人民出版社1993年版，第121页。
③《邓小平文选》第3卷，人民出版社1993年版，第374页。

实干，而且强调我们的方针政策及一切工作都要有实效，要能给社会、给国家、给人民带来实际的利益。邓小平对只追求表面文章而不顾实际效果的形式主义的工作作风深恶痛绝。早在1978年5月，邓小平就明确地告诫全党："要切实解决问题，追求表面文章，不讲实际效果、实际效率、实际速度、实际质量、实际成本的形式主义必须制止。"[①]邓小平追求实效的务实精神集中体现在他提出的生产力标准和"三个有利于"标准上。在邓小平看来，判断工作的好坏以及方针政策是否正确，不能仅仅停留在表面，而应看它产生的实际效果，看它给社会、给国家、给人民群众带来了哪些实际的利益。早在1978年9月，邓小平就指出："正确的政治领导的成果，归根到底要表现在社会生产力的发展上，人民物质文化生活的改善上。"[②]后来他又指出："看一个经济部门的党委善不善于领导，领导得好不好，应该主要看这个经济部门实行了先进的管理方法没有，技术革新进行得怎样，劳动生产率提高了多少，利润增长了多少，劳动者的个人收入和集体福利增加了多少。各条战线的各级党委的领导，也都要用类似这样的标准来衡

①《邓小平文选》第2卷，人民出版社1983年版，第99—100页。

②《邓小平文选》第2卷，人民出版社1983年版，第128页。

量。”[①]1992年，邓小平在南巡讲话时，明确地提出了“三个有利于”标准。他指出，衡量一切工作做得好与不好，判断一切方针政策正确与否，“应该主要看是否有利于发展社会主义社会的生产力，是否有利于增强社会主义国家的综合国力，是否有利于提高人民的生活水平”[②]。

四、主张拿事实说话

不搞强迫，拿事实说话，用事实去教育和说服人，这也是邓小平务实精神的重要体现。社会主义现代化建设是群众的事业，只有得到了人民群众的拥护和支持，才能获得成功。但是，在社会主义建设过程中，由于对我们党提出的一些新的主张，制定的新的方针和政策的不理解，从而在一定程度上影响了一部分群众参与社会主义建设的积极性。怎样才能使人民群众接受我们党的主张，听从我们党的领导，和我们党同心同德地把我国的社会主义现代化建设不断地推向前进？在这个问题上，邓小平同样表现了务实的精神风范。邓小平反对搞强迫，主张拿事实说话。在改革开放的初期，许多干部和群众对我们

---

①《邓小平文选》第2卷，人民出版社1983年版，第150页。

②《邓小平文选》第3卷，人民出版社1993年版，第372页。

党的改革政策不理解，抱着一种怀疑、观望的态度。

针对这种情况，邓小平指出："对这个政策有一些人感到不那么顺眼，我们的做法是允许不同观点存在，拿事实来说话。改革的政策，人们一开始并不是都能理解的，要通过事实的证明才能被普遍接受。"[①]"现在我们搞以城市经济体制改革为中心的全面改革，同农村改革一样，起初有些人怀疑，或者叫担心，他们要看一看。处理的办法也一样，就是拿事实来说话，让改革的实际进展去说服他们。"[②]20世纪80年代中后期，由于不能正确看待我国改革开放中出现的一些新的矛盾和问题，社会上兴起了一股怀疑和否定社会主义、美化资本主义的自由化思潮，一部分干部和群众的社会主义信念开始发生动摇。如何才能坚定人们的社会主义信念呢？在这个问题上，邓小平同样主张拿事实来说话。他指出："最终说服不相信社会主义的人要靠我们的发展。如果我们本世纪内达到了小康水平，那就可以使他们清醒一点，到下世纪中叶我们建成中等发达水平的社会主义国家时，就会进一步地说服他们。"[③]

①《邓小平文选》第3卷，人民出版社1993年版，第155页。
②《邓小平文选》第2卷，人民出版社1983年版，第156页。
③《邓小平文选》第2卷，人民出版社1983年版，第204页。

五、倡导调查研究的求实的工作方法

通过调查研究，了解和掌握实际情况，然后根据实际情况作出正确的决策，这是邓小平一贯坚持并倡导的求实的工作方法。建国初期，在担任西南局第一书记期间，邓小平曾多次深入到云、贵、川等省的边远山区进行考察。1950年夏天，西南地区发生了灾荒，邓小平不辞辛苦，亲自到灾区进行实地考察。在掌握了大量的第一手材料的基础上，邓小平制定了解决灾荒问题的方针和措施。由于方针正确，措施得当，西南地区的人民很快战胜了解放后发生的第一次大灾荒。从1952年7月开始，邓小平调到中央工作，他不仅坚持定期听取汇报，而且还经常深入基层进行调查研究。1958年和1965年，邓小平曾两次到贵州省考察工作，他根据贵州省山区自然资源的特点及经济发展规律，要求省委重点抓农业，山上要多植树，发展林牧业，山下要发挥矿产资源的优势，搞好矿产的深加工。邓小平当时作出的许多指示，对后来贵州省的经济建设起到了重要的指导作用。1961年4月7日至4月21日，当时担任中共中央总书记的邓小平到北京市顺义县进行了为期15天的考察。他召集县、乡、生产队各级干部进行座谈，听取汇报，调查当地农业生产和群众的生活问题，考察县城的集市贸易、社队工业、家庭手工业、副业等情况。在考察期间，邓小平就许多实际问题的处理作出了具体的指示，这些指示对后来顺义县经济和社会的发展产生了重要的影响。十一届三中全会以后，作为我国改革开放总设计师的邓小平，虽然日理万机，但他仍然在百忙之中抽出时间到全国各地去视察工作。特别是1992年1月18日至2月21日，已88岁高龄的邓小平仍然坚持到武昌、深圳、珠海、上海等地考察，并发表了著名的南巡讲话，为我国的改革开放向纵深发展指明了方向。正因为邓小平注意深入实际，调查研究，才使他作出了各种正确决策，从而保证了我国社会主义现代化建设的顺利发展。

第三节 以江泽民为代表的第三代领导集体求真务实的作风

江泽民在庆祝中国共产党成立80周年大会上指出："党的作风，关系党的形象，关系人心向背，关系党的生命。"[1]党的作风是党的形象，是党的性质、宗旨、纲领、路线的体现，

①《论党的建设》，中央文献出版社2001年版，第519页。

是党的创造力、战斗力和凝聚力的重要内容。因此，他指出我们党一定要做到以下几点：①

一、坚持解放思想、实事求是的思想路线，努力改进思想作风

解放思想、实事求是，是邓小平理论的精髓，是建设有中国特色社会主义最基本的思维方式，是进一步端正思想作风的法宝。我国改革发展的实践表明：什么时候坚持这一思想路线，我们就能科学地认识改革发展中不断涌现出的新情况，研究新问题，总结新经验，探索新规律，就能自觉地把思想认识从那些不合时宜的观念、做法和体制中解放出来，从对马克思主义的错误和教条式的理解中解放出来，从主观主义和形而上学的桎梏中解放出来。进入新世纪，我们在解放思想、实事求是的基础上，在重新审视国情、深入调查研究和充分论证的基础上，对不符合“三个代表”的要求、不利于中国特色社会主义发展的思想作风进行清理。坚持党的思想路线，做到解放思想没有止境，实事求是一以贯之。牢固树立和强化宗旨意识和

①李隆春：《坚持求真务实改进党的作风》，《毛泽东思想研究》2002年版，第111—112页。

生产力观念，以经济建设为中心，以改革开放为动力，以结构调整为主线，以科技进步和科技创新为支撑，以提高人的素质为根本，加快社会生产力的解放和发展。认真学习和坚持马克思主义的历史观、实践观和发展观，既要发挥党员和领导干部在坚持党的思想路线、促进加快发展中的中流砥柱作用，也要充分发挥人民群众的主动性、积极性和创造性，尊重人民群众的首创精神，不断推进科技创新、体制创新和理论创新。彻底改变自我束缚、自我封闭、自我感觉良好的精神状态，努力闯出一条具有鲜明时代特征和中国特色的发展之路。

二、坚持理论联系实际，推进理论创新，努力改进学风

从党员干部学风建设的实际情况看，有的仍然一切以书本上讲的为标准，总在名词、概念上兜圈子；有的思想僵化，总是拿本本去框实践，而不是用实践去发展本本，等等。怎样发展本本？总体讲，就是要坚持用实践去发展本本。面对改革发展丰富生动、纷繁复杂的新事物、新情况、新矛盾，我们要系统地努力学习、掌握科学的理论，带头弘扬马克思主义学风；同时进行深入的调查研究，把握国情，做到“胸中有数”；并

善于运用科学理论解决实际工作中的具体问题，尤其要把握时机，抓住那些影响全局的重点的工作，抓住关键环节，找准突破口，进行重点突破，带活全局。只有这样，我们的思想、理论才能与时俱进，并随着实践的发展和时代的前进而发展；只有这样，我们的决策和政策，才会更加符合中国实际，才能不断开拓我们事业的新局面。

三、坚持党的群众路线，努力改进工作作风和领导作风

人民群众是我们党的力量源泉和胜利之本。密切联系群众是我们党的优良传统，是干部工作作风建设的核心内容，是推进社会主义现代化建设的客观要求和重要保证。

在工作作风问题上，我们充分认识到形式主义图虚名、招实祸、误党误国的严重后果。它妨碍党和国家的方针政策、上级的决定和部署的贯彻落实，影响政令畅通，贻误发展机遇。我们要实现既定的宏伟目标，必须狠刹形式主义歪风，埋头苦干。当前，狠抓落实，首先要注意坚持决策科学与决策落实的辩证统一，把务求工作落实建立在决策科学的基础上，端正工作指导思想，按照实际情况决定工作方针，各级领导干部和

领导机关作决策、发指示、提要求，必须充分考虑到基层的情况，认真研究并自觉遵循使工作在基层落实的内在规律与客观要求；其次要坚持调查研究与解决问题的辩证统一，把深入搞好调查研究作为推动工作落实的关键环节来抓，创造性地开展工作，改变生搬硬套、照抄照搬、上下一般粗的恶劣习气，开创工作新局面；最后要坚持领导积极性与群众积极性的辩证统一，努力在抓落实上形成合力。

在党员干部的领导作风问题上，我们应努力将克服官僚主义，永远保持同人民群众的密切联系作为根本问题来解决。把“群众想什么，为民谋什么，群众盼什么，为民办什么”作为工作的出发点和落脚点，把加快发展的热情和干劲落实到真抓实干、为民服务上，切实做到重心下移，常往下走，作风下沉，体察下情，特别要勇于深入矛盾最突出、问题最复杂、条件最艰苦的环境中，与群众一道研究解决改革发展的各种困难和问题，在为人民服务的伟大实践中，自觉肩负起时代的重任。

切实增进与人民群众的感情，坚持为群众办实事、办好事，自觉做到官为民仆，把权力用于为人民服务，始终把群众情绪作为第一信号，把群众满意作为第一追求，把群众富裕作为第一目标，真正做到真心实意爱民，发展经济富民，强化服务便民，稳定社会安民，廉洁勤政为民。

四、坚持发扬艰苦奋斗的优良传统和作风，努力改进生活作风

一个人的生活作风，反映着这个人的世界观、人生观、价值观，反映着这个人的精神境界、人格品行。江泽民在山西考察时指出：党员领导干部的生活作风不是小事，是党的作风建设的重要内容，是关系党的形象的重要方面，它反映着党的性质和宗旨。我们必须继续保持艰苦奋斗的作风，以自身的模范行动，带出艰苦奋斗的领导班子和队伍，坚决反对贪图享受、花天酒地、奢侈浪费之风，反对讲排扬、比阔气之风，勤俭办一切事业。党员和领导干部要争做遵守社会公德、职业道德、家庭美德的表率，在社会中做个好公民，在工作中做个好党员、好公仆，在家庭中做个好家庭成员。一定要树立和保持共产党人的高尚情操和革命气节，讲学习、讲政治、讲正气、讲修养、讲道德、讲廉耻，真正做到自重、自省、自警、自励，把住大节，管住小节，挡住诱惑，在拜金主义、享乐主义、极端个人主义和灯红酒绿的侵

蚀影响面前，一尘不染，一身正气，赢得人民群众的充分信任、尊重与爱戴，无愧于共产党员的光荣称号，不负时代的重托和人民的期望。

第四节　以胡锦涛为代表的新一代领导集体求真务实的新内容

21世纪之初，以胡锦涛为代表的新一代领导集体大力弘扬求真务实精神，同时，还赋予求真务实新的时代内容。胡锦涛指出：要在全党大力弘扬求真务实精神、大兴求真务实之风，关键是要引导全党同志不断求我国社会主义初级阶段基本国情之真，务坚持长期艰苦奋斗之实；求社会主义建设规律和人类社会发展规律之真，务抓好发展这个党执政兴国的第一要务之实；求人民群众的历史地位和作用之真，务发展最广大人民群众根本利益之实；求共产党执政规律之真，务全面加强和改进党的建设之实。这是新的领导集体结合改革开放新的实践，对求真务实精神作出的新的、具体的诠释。[①]

①张秀群：《马克思主义中国化精髓研究》，西南大学2010年版，第34页。

一、求我国社会主义初级阶段基本国情之真，务坚持长期艰苦奋斗之实

正确认识国情，是革命和建设的首要前提，是坚持求真务实的根本依据，是坚持艰苦奋斗的基本前提。对国情有了正确认识，我们才能制定正确的路线方针政策，我们对实践的认识才能达到主观与客观的统一。中国共产党在民主革命时期，正是认清了中国是一个半殖民地半封建的国家这一基本国情，才分清了敌友，制定了正确的革命纲领和斗争策略，取得新民主主义革命的胜利。以邓小平为代表的党的第二代领导集体也正是认清了中国处于社会主义初级阶段这一基本国情，才开创了中国特色社会主义这一伟大事业。只有对国情有了正确认识，我们才能制定正确的路线方针政策，我们对实践的认识才能达到主观与客观的统一，求真务实才会有坚实的实践基础，而不会作出超越现阶段发展的抉择，空喊口号，搞“大跃进”。只有认识到当前我国正处于并将长期处于社会主义初级阶段这一基本国情，我们就不会为当前现代化建设所取得的辉煌而满足，就会坚定发扬艰苦奋斗作风的自觉性。所以，“坚持求真务实，就要从坚持基本国情出发，既增强工作的紧迫感，以只

争朝夕的精神抓住机遇，加快各项事业的发展，又充分考虑到社会主义现代化建设的长期性和艰巨性，防止和克服急于求成、急功近利的心态和做法”[①]，以艰苦奋斗的作风，踏踏实实地全面建设小康社会。

首先，就是对中国社会主义初级阶段的不发达状况有清醒的认识。中国是发展中国家，正处于社会主义初级阶段，虽然改革开放使中国社会主义现代化建设取得了伟大成就，但我们必须认识到，我们现在达到的小康还是低水平的、不全面的、发展很不平衡的，要完成全面建设小康社会的奋斗目标，我们还会遇到很多的困难和挑战。

其次，就是清醒地把握当代国内外经济、政治、文化发展变化的新情况、新问题、新矛盾、新趋势，把对国情的深入认识与对国内外形势的科学判断结合起来，不断提高认识国情的能力和水平。因此，社会主义初级阶段的基本国情和前进道路上存在的困难和挑战，要求我们必须始终牢记“两个务必”，作好长期艰苦奋斗的思想准备，把务坚持长期艰苦奋斗之实的要求，贯彻到各项实际工作中去。胡锦涛讲：“我们讲

①邵景均：《坚持求真务实的根本依据》，《人民日报》2004年7月12日。

艰苦奋斗，是要大力提倡艰苦奋斗、自强不息、与时俱进、开拓创新的精神，要求每个领导干部始终保持共产党人的政治本色。”[①]这表明了，艰苦奋斗的内涵不仅仅指物质生活方面的勤俭节约，更重要的是指在此基础上形成的精神力量和价值观念。即全党保持吃苦耐劳、奋发向上、积极进取的精神状态，树立新形势下的危机感、紧迫感、使命感，破除困惑、等待、无所作为的消极态度，发扬抓住机遇和开拓进取、奋发有为的精神，把改革开放的热情与艰苦奋斗的实干精神结合起来，老老实实地艰苦创业，踏踏实实地艰苦奋斗。这样的精神状态体现了我党为全面建设小康社会、实现中华民族的伟大复兴、最终实现共产主义的坚定信念。

二、求社会主义建设规律和人类社会发展规律之真，务抓好发展第一要务之实

认识规律、把握规律、遵循和运用规律是坚持求真务实的根本要求。在当前，坚持求真务实，从规律性而言，就是要不断深化对社会主义建设规律、人类社会发展规律和共产党执

①《坚持发扬艰苦奋斗的优良作风 全面落实党的十六大精神》，《人民日报》2002年12月8日。

政规律的认识和研究。只有深化了对社会主义建设规律、人类社会发展规律的认识，我们才能加快中国特色社会主义建设，不断提高人民群众生活水平；才能更好地把握人类社会发展的潮流和时代的脉搏，始终自觉地站在时代前列；才能务发展这个党执政兴国的第一要务。胡锦涛指出："我们党在领导革命、建设和改革的过程中，一贯重视对历史经验的借鉴和运用。"①同样，在当今世界政治、经济、文化等方面发生重大变化，全球化趋势不可逆转，综合国力竞争日益激烈，我们在建设中国特色社会主义事业的进程中遇到了新的机遇和挑战的情况下，我们必须求社会主义建设规律和人类社会发展规律之真，即如何建设社会主义的问题。在长期的实践中，我们对社会主义建设规律和人类社会发展规律的认识取得了重大的成果。这些成果深刻地体现在毛泽东思想、邓小平理论、"三个代表"重要思想和科学发展观之中；体现在党的基本路线、基本纲领和基本经验之中；体现在十一届三中全会以来党和国家的各项方针政策之中。面对新情况、新矛盾，我们只有更加自觉地坚持以经济建设为中心，更加自觉地促进社会物质文明、

---

①《进一步认识把握社会历史发展规律 增强推进改革发展的自觉性主动性》，《人民日报》2003年11月26日。

政治文明和精神文明的协调发展，更加自觉地促进社会全面进步和人的全面发展，更加自觉地促进经济社会的可持续发展，使党和国家在各项工作中把握规律性、增强主动性、减少盲目性、克服片面性、提高自觉性、富于创造性。坚持以人为本，树立全面、协调、可持续的发展观，促进经济社会和人的全面发展；坚持统筹城乡发展、统筹区域发展、统筹经济社会发展、统筹人与自然和谐发展、统筹国内发展和对外开放的目标和任务，坚持科学的社会发展观，不仅改善物质生活，也包括了精神生活的充实，不仅有居民个人消费水平的提高，也包括了社会福利和劳动环境的改善，这是对社会主义建设规律、人类社会发展规律的本质揭示，是历史和实践的科学总结。

在当前，坚持求真务实，从规律性而言，就是要不断深化对社会主义建设规律、人类社会发展规律和共产党执政规律的认识和研究。只有深化了对社会主义建设规律、人类社会发展规律的认识，我们才能加快中国特色社会主义建设，不断提高人民群众生活水平；才能更好地把握人类社会发展的潮流和时代的脉搏，始终自觉地站在时代前列；才能务发展这个党执政兴国的第一要务。只有深化了对共产党执政规律的认识，我们才能全面加强和改进党的建设，改进党的领导方式和执政方式，提高党的领导水平和执政水平，增强党抵御风险和防腐拒变的能力。

三、求人民群众的历史地位和作用之真，务发展最广大人民利益之实

尊重人民群众的历史地位和作用，发展最广大人民的根本利益，是坚持求真务实的出发点和落脚点。人民群众是历史的创造者，是变革社会制度、推动人类历史前进的重要力量。求“真”，就是要信仰历史唯物主义，承认人民群众是推动历史前进的最终力量，就要尊重人民群众的首创精神，不断从人民群众身上汲取前进的力量。唯有如此，我们才能发展好、实现好、维护好最广大人民的根本利益，才能不断满足和提高人民群众的物质文化生活水平。

尊重人民群众的历史地位和作用，发展最广大人民的根本利益，是坚持求真务实的出发点和落脚点。马克思说：“历史活动是群众的事业。”[①]人类历史的发展是人民群众推动的，我们要从尊重人民群众的历史地位和作用出发，用人民群众是历史的主人这一唯物史观武装广大党员干部的思想，坚持全心

①《马克思恩格斯全集》第2卷，人民出版社1957年版，第104页。

全意为人民服务，摆正同人民群众的关系，真心实意地发展最广大人民的根本利益。人民是国家的主人，是决定国家前途和命运的根本力量，在任何情况下，与人民群众同呼吸共命运的立场不能变，全心全意为人民服务的宗旨不能忘，坚信人民群众是真正的英雄的观点不能丢，这是历史的结论，也是我们党九十多年实践的根本经验。因此，如何看待人民群众的历史地位和作用，是唯物史观和唯心史观的根本区别，“相信谁、依靠谁、为了谁，是否始终站在最广大人民的立场上是区分唯物史观和唯心史观的分水岭，也是判断马克思主义政党的试金石”[①]。邓小平讲“全心全意为人民服务，一切以人民利益作为每一个党员的最高准绳”，“要把人民拥护不拥护、赞成不赞成、高兴不高兴、答应不答应作为制定各项方针政策的出发点和归宿，把是否有利于提高人民生活水平作为判断各项工作成败得失的最高标准”[②]。因此，我们必须在全党深入开展马克思主义群众观点和党的群众路线教育，引导党员干部牢固树立人民群众是历史的创造者的观点；虚心向人民群众学习，树

①《大力弘扬求真务实精神 大兴求真务实之风 继续深入开展党风廉政建设和反腐败斗争》，《人民日报》2004年1月13日。

②《邓小平文选》第1卷，人民出版社1989年版，第257页。

立竭诚为广大人民群众谋利益的观点；树立干部的权力是人民赋予的观点，帮助广大党员干部进一步提高坚持立党为公、执政为民的自觉性和权为民所用、情为民所系、利为民所谋的自觉性。

四、求共产党执政规律之真，务全面加强和改进党的建设之实

历史的经验证明，只有深化了对共产党执政规律的认识，我们才能全面加强和改进党的建设，改进党的领导方式和执政方式，提高党的领导水平和执政水平，增强党抵御风险和防腐拒变的能力。中国共产党人执政以来，积极探索总结执政规律，取得了巨大的成就。具体表现在：坚持立党为公、执政为民；坚持人民民主专政，处理和协调好党政关系及党与社会的关系，坚持人民代表大会制度，解决共产党的领导方式和执政方式问题；加强共产党自身建设和实行有效领导，并把党的执政经验上升到理论的高度，揭示了这一实践活动固有的规律，以便遵循规律加强和改善党的领导，巩固党的执政地位，提高党的执政能力。在改革开放和现代化建设的实践中，中国共产党遵循这些规律，巩固了执政地位，提高了执政能力，但

也不可否认存在一些亟待解决的问题，这些问题的存在同党的宗旨和性质格格不入，同人民群众的利益格格不入，必然会引起群众的强烈不满。因此，必须把加强党的思想理论建设放在加强党的执政能力建设的首位，在全党深入持久地进行牢记“两个务必”和“八荣八耻”教育，在干部特别是领导干部中，大力提倡和发扬为民、务实、清廉的优良作风，倡导和树立正确的权力观、地位观和利益观，倡导和树立正确的政绩观。把全党建设成为一支能够担当重任，经得起风浪考验的高素质干部队伍，形成朝气蓬勃，奋发有为的领导层，把党的各级组织建设成为贯彻科学发展观重要思想的组织者、推动者和实践者，从而提高党的执政能力。

“四求”、“四务”是党的新的领导集体赋予求真务实精神的时代内容，它们之间是一个辩证的统一体。“四求”为“四务”指明了方向，“四务”是“四求”的必然结果。认清了国情，我们就能够更好地求得社会主义建设规律、执政党建设规律和人类社会发展规律，增强发扬艰苦奋斗作风的自觉性。一旦深化了对这三大规律的认识，我们也就能从国情出发，更好地执行发展这个党执政兴国的第一要务，就会全心全意去为最广大人民谋取利益。

第五节 以习近平为代表的新一届领导集体求真务实的方向

党的十八大召开后，新一届领导班子逐步改进工作作风，追求实干兴邦。习近平明确指出在新形势下，我党面临的诸多问题与挑战，尤其是一些党员干部中发生的贪污腐败、脱离群众、形式主义、官僚主义等问题，必须下大气力解决。全体党员必须警醒起来，从严治党，切实解决自身存在的突出问题，切实改进工作作风，密切联系群众，使我们的党始终成为中国特色社会主义事业的坚强领导核心。

实现中华民族伟大复兴是一项光荣而艰巨的事业，需要一代又一代中国人共同为之努力。把一个有十几亿人口的发展中大国带向现代化，这在人类发展史上前所未有。中国正面临经济、社会双转型的压力和挑战，这都要求凝聚党心民心、形成共识，同时付出更加艰苦的努力。习近平总书记的讲话实质上就是要求全党同志特别是各级领导干部，对于21世纪第二个十年多方面问题的复杂性要充分准备、积极应对。关键是要从全局和战略的高度，统筹国际国内两个大局，牢牢抓住并充分用好机遇，沉着应对并妥善处理好各种风险挑战。面对错综复杂的中国问题，习近平总书记提出“空谈误国，实干兴邦”，努力实现中华民族伟大复兴的“中国梦”。我们这一代共产党人一定要承前启后、继往开来，把我们的党建设好，团结全体中华儿女把我们国家建设好，把我们民族发展好，用和平的方式、文明的方式实现国家发展和社会主义现代化，继续朝着中华民族伟大复兴的目标奋勇前进。

总之，求真务实，实事求是，是新一届领导集体治国理政的风格。在十八大召开后的短时间内，习近平总书记强调“空谈误国，实干兴邦”，并在十八届中央政治局常委见面会上讲话时指出，人世间的一切幸福都是要靠辛勤的劳动来创造的，我们的责任，就是要团结带领全党全国各族人民，继续解放思想，坚持改革开放，不断解放和发展社会生产力，努力解决群众的生产生活困难，坚定不移走共同富裕的道路。

第四章　求真务实精神的历史传承与光辉典范

第一节　求真务实精神的历史传承

中国传统文化对求真务实精神的形成产生了重要影响，中国传统文化具有丰富的唯物主义哲学内涵。早在春秋时期，管子就提出了“精气”说，认为万事万物皆由“精气”构成，这是一种朴素的唯物主义。中国古代唯物主义哲学的主流是“气”论，认为天下万物皆源于“气”，从王充、范缜、柳宗元到张载、王夫之，都坚持了唯物主义的“气”论。中国传统文化以唯物主义的“气”论为基础，形成了“求真务实”、“实事求是”的优良传统。[①]

①逆红：《求真务实是国人文化性格的显著特征》，《辽宁日报》2013年1月26日。

一、求真学风源远流长

“求真”在中国古代文化里常被表述为“求是”、“求道”。中国文化从本质上看，不是西方那种信仰神的文化，而是自信自肯的文化。中国传统文化认为，人是与天地并列的“三才”之一，人可以“参天地之化育”。因此，历代思想家都非常重视“求是”、“求道”，真诚坚定地探索真理，求真学风源远流长。

探索真理要有正确的态度，在这个问题上，最著名的古代格言之一就是“知之为知之，不知为不知，是知也”。这句名言是孔子说的。意思是知道就是知道，不知道就是不知道，这样才是真正的智慧。这句名言在后世广为流传，提醒人们要养成踏实认真的学习态度和实事求是的学风，不要不懂装懂。

孔子的另一句名言是“朝闻道，夕死可矣”。这其中的“道”指“大道”，即宇宙本源，形而上的本体，与老子的“道可道，非常道”中的第一个“道”相同，也与“吾道一以贯之”中的“道”相同。按孔子的说法，如果早晨能够闻道，那么就算晚上会死去，也是值得的。这句话生动而鲜明地阐述了对追求真理的坚定与迫切。

到了汉朝，出现了我们熟知的“实事求是”。“实事求是”是一句古语，最早见于《汉书·河间献王刘德传》。刘德是西汉时期汉景帝刘启的儿子，汉武帝刘彻之弟，封河间王。《汉书》中对刘德的评价很高，主要是因为刘德认真研究和整理搜集到的古书，在阅读中掌握了一些事理的事实依据，从而推导出正确结论。学者们对他的学识和治学态度都很佩服。

后来，东汉史学家、文学家班固在撰写《汉书》时，专门为刘德写了传记，高度评价了刘德的研究精神，称其“修学好古，实事求是”，成语“实事求是”便由此而来。后来唐代学者颜师古将“实事求是”一词解释为“务得事实，每求真是也”，即把它引申为一种值得提倡的务实求真的学风。

明朝心学大师王守仁倡导的“求是”学风对后世产生了更为广泛的影响。他在一封给同代学人的信中谈道：希望你抛弃世俗的偏见，襟胸开阔地探索真理，不要追求各种学术思想的完全相同，而是留心体察它们为什么不同；不要把没有过失和局限看作是圣贤的高明所在，而是将修正失误和局限作为圣贤之学的本来意义；不要讳言圣贤的局限，而要把学术的不断发展看成圣贤之学的宗旨。王守仁这种专心探求真理、无心流派门户的精神，在近代追求科学的知识分子中产生了广泛共鸣。

与“求是”学风有密切内在联系的“实事求是”由于成为毛泽东为延安抗大和中央党校的题词而获得了更为广泛的影响力。现在包括中国人民大学、浙江大学在内的大学校训中都包含着“求是”、“实事求是”。

二、农业文化催生务实品格

“华而不实，耻也。”中国人历来讲究实际、重视实用、追求事功，鄙视浮华、空谈、玄虚。“大人不华、君子务实”的观点也一直被历代圣贤所大力提倡。

农耕在中国社会是非常重要的事，即使是在不从事农耕的士大夫中，也认同“耕读传家久”的理念。官员的宅院里往往也要开一块地种植蔬菜，虽然从产量上看只有象征意义，但主人认为耕作可以使人牢记根本，抵消一些富贵带来的浮华之气。就连皇帝也有自己的“一亩三分地”，皇帝亲耕制度表明，中国社会注重农业的传统。

从总体上看，中国文化是一种大陆型的农业文化。农业生产是一种在四季的循环往复中进行的简单重复的再生产。“一分耕耘，一分收获”使中华民族变成了一个纯朴务实的民族，中国民众在农业劳作过程中领悟到一条朴实的真理：力不虚掷，说空话无补于事，实心做事必有所获。

老庄讲“道”，孔孟讲“仁”、“礼”，墨家讲“兼爱”、“非攻”，法家讲“法”、“术”、“势”等，虽然百家争鸣，观点各异，但都关心人的处境，与思辨性突出的西方哲学相比，显得简明而实际。因此，中华民族历来注重在日常生活和伦理关系中表达自己的意愿，实现人生价值，而很少陷入不切实际的空谈玄想之中。整个社会文化传统如此，求真务实顺理成章地成为中华民族文化性格的显著特征。

《史记·老子韩非列传》中有一段孔子问礼于老子的记载。老子对孔子说“君子盛德，容貌若愚”，并进一步说要去掉那些狂妄的想法和做作的姿态，因为这些对人都没什么好处。我所能告诉你的，就是这些。孔子对老子的话甚为赞同和佩服，以至大发感慨：“吾今日见老子，其犹龙邪！”中国文化传统注重求真务实，由此可见一斑。

三、古代科技都围绕着实用

产生于农业文明的中国传统文化注重实际，“广大高明而不离乎日用”，执着于人间世道的实用探求，为中国传统文化的繁荣与发展奠定了坚实的基础，为中国古代科技发展作出了重大贡献，四大发明即是“实用技术”高度发达的证明。

四大发明是指中国古代对世界具有很大影响的四种发明，即造纸术、指南针、火药、活字印刷术。此一说法最早由英国汉学家李约瑟在20世纪中期提出，并为后来许多中国历史学家所继承，普遍认为这四种发明对中国古代的政治、经济、文化的发展产生了巨大的推动作用，而且这些发明经由各种途径传至西方，对世界文明发展史产生了很大影响。

中国古代在天文、数学、中医、农学及制造业方面有过无数的创造和发明。李约瑟认为：“中国在公元3世纪到13世纪之间保持着一个令西方望尘莫及的科学和知识水平。”

中国很早就掌握了数的概念，并采取了十进制，这是最先进、最科学的记数法。李约瑟说：“如果没有这种十进制，就不可能有我们这个统一化的世界了。”

中国在殷商时期就已经有了四则运算，春秋战国时期正整数乘法口诀“九九歌”已形成，从此“九九歌”成为普及数学知识的基础之一，一直延续至今。注重实用是中国古代数学的突出特点。《九章算术》的第一章就是“方田”，为了计算土地面积，其中的勾股定理领先西方500年。战国时期为了制造车轮就有了精确的圆周计算，祖冲之推算出的圆周率被称为

“祖率”。我们的祖先从生产实践出发，将经验加以概括总结，使中国古代数学取得了可观的成就，也形成了良好的文化教育传统。从世界范围看，中国孩子的数学水平普遍较好，其中的原因之一就源于这种良好的传统。

注重现实的实践功用，是中国古代科学技术的最大特色之一，中医药、针灸、陶瓷、纺织、造船、冶炼……任何一门科学技术都必有其实用价值。但古代中国人对其实用价值的重视，明显超过了对理论的重视程度。在实用的价值取向下，政府对涉及国计民生的学科非常重视，并设立了专门的机构管理。中国历史上较为发达的科学领域和技术部门，大都带有官营的印记，与国家的治理息息相关。中国古代天文学十分发达，但基本上是为历法服务的。而古代数学从《九章算术》开始，历代的数学著作多是对现实问题的解决，诸如如何计算分配物资或计算各地的赋税和分派工役等，对理论研究重视不够。

四、“经世致用”重视调查研究

“平时袖手谈心性，临危一死报君王”。这是清代著名学者颜元给一些空谈心性、迂腐无能的理学先生用诗句画的漫画像，也是倡导“经世致用”的士大夫们眼中的经典笑话。在中国学术思想史上，空谈和玄想从来不是主流，宋明以来，理学日渐空疏的弊端遭到了“经世致用”思想的强烈批评。

“经世致用”思想的历史至少可以追溯到先秦时期。传统儒学本身就是一种“入世哲学”，孔子不遗余力地宣传他的思想，目的就是要改变春秋末年社会动乱、礼崩乐坏的局面，恢复他理想中的社会秩序。墨家、道家、法家、兵家都直面社会矛盾，关心社会现实，力图匡正时弊，达到国治民安的实效。“经世致用”思想体现了中国传统知识分子求真务实的思想特点以及“以天下为己任”的情怀。

说到“经世致用”思想，不能不提到南宋的“事功学派”。“事功学派”源于王安石“为天下国家之用”的实用思想，包括以叶适为代表的“永嘉学派”和以陈亮为代表的“永康学派”。陈亮认为“功到成处，便是有德；事到济处，便是有理”，意思是说所谓有德、有理，就是指在实际的功业方面取得成功、取得治国安民的实效，反对理学家空谈“性与天命”。“事功学派”主张习百家之学考订历代典章名物，以培养对社会有实际作为的人才。“事功学派”在后世产生巨大影响，与明末清初颜元、黄宗羲、王夫之等人的思想学说有着明显的渊源关系。

倡导“经世致用”思想的学者都实事求是，重视调查研究。顾炎武可以说是古代学者中推崇调查研究的典范。他遍游北方，心怀探讨“国家治乱之源，生民根本之计”的目的，一年中有一半时间都住在旅店。“考其山川风俗，疾苦利病”，写出了切中时弊的《天下郡国利病书》和《日知录》等名著。地理学家顾祖禹则“舟车所往，必览城廓，按山川，稽里道，问关津，以及商旅之子，征戍之夫。或与从容谈论，考核异同”。这种调查研究之风，在清初学者中比较盛行，成为清初学风的一大特点。

求真务实的民族性格使中华民族表现出平和、从容的中国风度，往往在历史的关键时期既不盲目乐观，也不悲观失望，而是实事求是地分析形势，采取措施，使中华文化得以延续数千年仍然保持着旺盛的生命力。

第二节　中国共产党求真务实的作风与道路探索

一、求真务实的作风与革命道路探索

求真务实，是辩证唯物主义和历史唯物主义一以贯之的科

学精神，也是我们党的优良传统与作风。求真务实是党的各项事业胜利的根本保证，也是党和人民事业兴旺发达的关键之所在。在长期领导我国革命具体实践中，中国共产党人坚持和发扬了实事求是、理论联系实际的作风，把马克思主义的普遍原理与中国的具体实际相结合，形成了求真务实的执政作风，取得了革命的巨大成功。

在长期革命和建设实践中，毛泽东始终倡导求真务实。他说，世界上怕就怕认真二字，共产党就最讲认真。他身体力行，大声疾呼，要求全党把马克思主义普遍真理与中国实际结合起来。他对实事求是作出马克思主义的科学阐释，使这四个大字在中国家喻户晓。在革命年代，他要求共产党人研究中国的历史与现实，求中国近代国情之真，求中国革命规律之真。他在《反对本本主义》这一光辉著作中，喊出了“没有调查就没有发言权”这一求真务实的最强音。中国革命之所以在极为艰难的条件下取得胜利，就在于毛泽东倡导并带头奉行了求真务实的作风和精神，就在于我们党发扬了这一作风和精神。建国后，从中国国情出发，成功地完成了社会主义改造。毛泽东就要求全党认真研究社会主义建设的规律，产生新的理论，写出新的著作。他带头探索中国自己的建设之路，取得了重大成果。在探索道路出现失误的时候，他提出“大兴调查研究之风”，反对务虚名而招实祸。党的求真务实作风与中国革命道路探索具体体现为：[①]

1. 八七会议后的“上山”

经过1924年至1927年大革命的中国共产党，面临的首要的根本任务，是找到中国新民主主义革命的正确方向道路。大革命的惨痛失败，把革命方向道路问题严重地、急迫地摆在中国共产党人的面前，能否尽快解决这个根本问题，能否尽快找到中国革命的正确方向道路，关系到中国共产党的生死存亡，关系到中国革命的兴衰成败。正是在这样的历史关头，以毛泽东为代表的中国共产党人，把思想的中心和实践的重点，放到了中国新民主主义革命的方向道路之上。

大革命的教训，使毛泽东等人最先警醒。八七会议前后，毛泽东提出了“上山”和“在枪杆上夺取政权，建设政权”的主张。八七会议是一个中介，此后毛泽东革命的立足点从辅助、支持国民党完成民主革命，转到由中国共产党独立领导民主革命之上，并且开始了农村武装革命斗争的实践；创建

①杨超，刘文耀：《毛泽东对中国革命道路的探索和周恩来的贡献》，《天府新论》1998年第2期。

工农红军，开展土地革命，创建湘赣革命根据地，成功地进行了“工农武装割据”的尝试。1928年10月，毛泽东在《中国共产党湘赣边界第二次代表大会决议案》中提出“工农武装割据”的思想。“工农武装割据”，就是在中国共产党领导之下，把武装斗争、土地革命、建立革命政权三者结合起来。毛泽东还分析了中国红色政权能够发生、存在的原因和条件，指出“不但小块红色区域的长期存在没有疑义，而且这些红色区域将继续发展，日渐接近于全国政权的取得”。同年11月，毛泽东又进一步阐述了党的领导和武装斗争、土地革命、革命根据地建设的关系，指出党的正确领导是进行武装斗争、土地革命和革命根据地建设的保障；而武装斗争、土地革命、革命根据地建设这三者是互为条件，互为依托的。

关于城市和乡村、工人和农民的关系问题。毛泽东在1929年4月5日在给中共中央的信中明确提出：“农村斗争的发展，小区域红色政权的建立，红军的创造和扩大，尤其是帮助城市斗争、促进革命潮流高涨的重要条件。”“抛弃城市斗争，是错误的；但是畏惧农民势力的发展，以为将超过工人的势力而不利于革命……也是错误的。因为半殖民地中国的革命，只有农民的斗争得不到工人的领导而失败，没有农民斗争的发展超过工人的势力而不利于革命本身的。”

关于党领导的人民军队的建设问题。1927年9月29日，毛泽东在三湾改编工农革命军，即在工农革命军中建立党的各级组织和党代表制度。支部建在连上，班排设党小组，连以上设党代表，营、团建立党委，部队由党的前敌委员会统一领导，并且在部队内部实行民主制度，连、营、团各级建立士兵委员会。1928年5月，毛泽东又给红军提出了“三大任务”和“三大纪律、六项注意”，使红军的建设进一步革命化和规范化。

关于红军战略战术的基本原则。1928年5月，毛泽东和朱德等根据敌强我弱、敌众我寡的客观实际和南昌起义、秋收起义以来与敌作战的经验，提出了“敌进我退，敌驻我扰，敌疲我打，敌退我追”十六字诀的游击战术，为后来红军整个作战原则的形成奠定了基础。1929年以后，又提出“分兵以发动群众，集中以应付敌人”，“强敌跟追，用盘旋式的打圈子政策”，“固定区域的割据，用波浪式的推进政策”等。

毛泽东提出的“工农武装割据”思想和党领导的人民军队建设以及红军战略战术的一些基本原则，只是他两年来革命斗争实践的总结和理论思考，还并无全党应把工作中心放在乡村的思想，也并未形成农村包围城市，武装夺取政权的理论。农村包围城市，武装夺取政权理论的形成是在1930年以后。

2. 先有农村红军，后有城市政权

中共六大以后，周恩来任中央政治局常委、中央常委秘书长、中央军委书记、中央组织部长，实际主持中共中央的工作。

1929年3月19日，周恩来在给贺龙及湘鄂西前委的指示信中就明确指出："武装暴动夺取政权，在目前还是一个宣传的口号。""目前所应注意者，还不是什么占领大的城市，而是在乡村中发动群众，深入土地革命。"他还特别肯定了毛泽东的经验："在朱、毛军队中，党的组织是以连为单位，每连建立一个支部，连以下分小组，连以上有营委、团委等组织……将来你们部队建党时，这个经验可以备你们参考。"

由于红军队伍在其建军初期残留的非无产阶级思想在长期农村游击战争环境下的滋生和蔓延，由于中央指导方针的摇摆以及"一种形式主义的理论（指共产国际）从远方到来"的影响，1929年五六月间，红四军"前委在组织上的指导原则根本发生问题"，红四军党内发生意见分歧进而发生争论。毛泽东的正确主张一时不为前委认识和接受，毛泽东的前委书记职务落选，离开红四军主要领导岗位，到闽西休养并指导地方工作。随后，新当选的前委书记陈毅奉召受派到中央出席军事会议并汇报红四军党的工作及全部情况。

周恩来在听取陈毅向中央政治局会议的两次详细汇报，以及此后和李立三、陈毅的多次谈话讨论后，于9月28日审定发出《中共中央给红军第四军前委的指示信》（史称“九月来信”），就中国革命的特征、红军的基本任务、红军中党的领导、毛泽东的地位等问题，作了明确的指示。

在指示信中，周恩来明确而肯定地指出：“先有农村红军，后有城市政权，这是中国革命的特征，这是中国经济基础的产物。”这是第一次以中央身份对中国革命特征也即道路这一根本问题作出的正确结论，这一结论是对毛泽东等人实践经验的总结和对毛泽东“工农武装割据”思想的升华。

周恩来指出，目前红军的基本任务“主要的有以下几项：一、发动群众，实行土地革命，建立苏维埃政权；二、实行游击战争，武装农民，并扩大本身组织；三、扩大游击区域及政治影响于全国”。关于红军的发展和战略问题，“分兵游击集中指导是不可移易的原则”。

于红军中党的领导及其组织问题，周恩来明确指出：“党的一切权力集中前委指导机关，这是正确的，绝不能动摇。不能机械地引用‘家长制’这个名词来削弱指导机关的权力，来作极端民主化的掩护。”“前委对日常行政事务不要去管理……着眼在红军的政治、军事、经济及群众斗争的领导上。”对红军中一切错误观念，“前委应坚决以斗争的态度来肃清之”。“党代表名称应立即废除，改为政治委员”，并作为军队和政治制度的建设把它巩固下来。

对红四军党内的争论及前委工作安排问题，周恩来提出了尖锐的批评，要求恢复毛泽东和朱德在群众中的信仰，“毛同志仍为前委书记，并须使红军全体同志了解而接受”。

周恩来还嘱咐带此指示信返回红四军的陈毅：回去后，要请毛泽东复职，并召开一次党的会议，统一思想，分清是非，作出决议，维护毛泽东和朱德的领导。

3. 根据地红军的建设

根据周恩来的指示，红四军前委于12月28日、29日在上杭古田召开了党的九大，此即著名的古田会议。由于陈毅迅速、忠实、全面地贯彻执行周恩来的指示，用九月来信分清是非，结束争论，统一思想，古田会议通过了毛泽东起草的八个决议案，选举毛泽东为前委书记，取得圆满成功。

古田会议的根本任务，是解决党领导的人民军队建设问题。古田会议的主要内容是：（1）规定红军的性质和任务，红军是一个执行革命的政治任务的武装集团，除了打仗消灭敌人军事力量之外，还要担负宣传群众，组织群众，武装群众，帮助群众建立革命政权以至于建立共产党的组织等重大的任务；（2）肯定党对红军的领导原则，即厉行集中指导下的民主生活；（3）明确军事与政治的关系，军事只是完成政治任务的工具之一，强调进行马克思主义和党的正确路线教育；（4）确立红军处理军内关系、军民关系和瓦解敌军的原则，重申“三大纪律，六项注意”的规定；（5）规定红军宣传工作的任务是扩大政治影响争取广大群众；（6）规定红军政治工作的作风和方法，强调调查研究，党内批评要注意政治等。古田会议逐步树立了实事求是的优良传统。

古田会议决议是毛泽东实践经验的总结和理论思考的升华，是对中央九月来信精神的充实、完善和发展。它在党的建设和党领导的人民军队建设方面，有着巨大的现实作用和深远的历史作用。

古田会议结束后数日，毛泽东再次向党内同志阐述了“星星之火可以燎原，革命高潮快要到来”的道理，明确指出要想“全国范围的、包括一切地方的、先争取群众后建立政权的理论，是于中国革命的实情不适合的”。“红军、游击队和红色区域的建立和发展，是半殖民地中国在无产阶级领导之下的农民斗争的最高形式，和半殖民地农民斗争发展的必然结果。”同时说明单纯的流动游击政策，不能完成促进革命高潮的任务。而朱德毛泽东式、方志敏式之有根据地的，有计划建立政权的，深入土地革命的，逐级扩大人民武装的，政权发展是波浪式地向前扩大的一些政策，无疑是正确的。而且只有这样，才能树立全国人民的信仰，给反动派以极大困难，动摇其基础、促进其瓦解，才能真正地创造红军，成为将来大革命的主要工具，才能促进革命的高潮。

古田会议的胜利召开，标志着毛泽东已正确掌握了城市与乡村、工人与农民、群众运动与武装斗争、党的领导与军队建设等方面的重要关系，基本形成新民主主义革命方向道路的理论和党领导的人民军队建设以及红军战略战术等方面的基本原则，找到了工农武装割据，农村包围城市，武装夺取政权的正确方向道路。

4. 游击战争战略战术

1930年1月15日，中央军委主办的《军事通讯》创刊，刊登了陈毅写的《关于红四军历史及其情况的报告》，并配发了编者按。编者按强调“这里面有很多宝贵的经验值得我们每一个同志注意”，如编制、战术、筹款给养、群众关系、军事和政治训练、军中供给开支原则等，“都是在中国‘别开生面’，在过去没有看过听过的”。要求“各地红军、各地方党组织，都要学习朱毛红军的经验，坚决执行红军游击战争的任务和战术原则”。

2月1日，周恩来在给广东省委的指示信中又表示：毛泽东的复职，红四军的中心的政治领导地位已确立，“稍可使中央放心”，要求广东派干部支援。

为了解决中共中央与共产国际远东局在如何对待中国的富农、游击战争、赤色工会等问题上的争论，周恩来受中央政治局的委派，于3月初前往莫斯科汇报。周恩来到莫斯科后，向共产国际和苏共领导人汇报了毛泽东等人开展农村武装斗争、土地革命和创建革命根据地的情况，充分肯定、高度评价了毛泽东“工农武装割据”的主张，阐述了自己“先有农村红军，后有城市政权”的思想。周恩来的汇报产生了重大的作用，促使共产国际、苏共以及斯大林重新认识中国革命的方法问题，也促使他们重视和赞赏毛泽东。《真理报》因此公开宣传肯定中国红军，宣称“红军的各军在中国共产党的政治领导下，正在变成为土地和政权而斗争的劳动农民群众的武装力量”，“成为中国革命新高潮的重要因素之一”。

周恩来去莫斯科之后，中国共产党内“左”倾思想发展并迅速形成李立三“左”倾冒险主义，数月之内使中共党组织和红军遭到严重损失。中共和红军即将面临国民党蒋介石的空前巨大的压迫。

周恩来和瞿秋白奉共产国际之命回国纠错，于8月下旬相继到达上海，迅速采取措施坚决停止城市暴动和红军攻打大城市的冒险计划。9月24日至28日，周恩来和瞿秋白在上海主持召开中共六届三中全会，批评李立三的错误，恢复党、团、工会组织的正常工作，撤销全国总暴动和集中全国红军攻取中心城市的计划和行动，结束了李立三“左”倾冒险主义在中央的统治。毛泽东虽然没有出席会议，却被补选为中央政治局候补委员。

9月30日，周恩来在中央军委扩大会议上作《目前红军的中心任务及其几个根本问题》的报告中，向来自全国各地以及将要派往各地的红军领导人介绍“朱毛红军”的发展及其现状，介绍“朱毛红军”游击战争的战略战术，指出“朱毛红军”为适应新的斗争形势，从游击战向带游击性的运动战转变，是战略性的转变，是完全正确的。

5. 中国革命道路探索的经验

1920年至1930年，是中国共产党人在血雨腥风、刀光剑影里艰难探索的十年。这十年，中国共产党人所探索和解决的是两大问题：思想上，把马克思列宁主义与中国实际相结合，认识中国革命的本质规律，形成关于中国新民主主义革命方向道路的科学理论；实践上，探索中国新民主主义革命的正确方向道路。

经过十年的艰难探索，经过大革命特别是经过1927年至1930年农村武装革命斗争的实践，毛泽东等人逐渐自觉地摒弃教条主义，树立起调查研究、实事求是、不断开拓新局面的思想路线；把马克思列宁主义与中国实际相结合，正确认识中国国情，认识和掌握中国新民主主义革命的本质规律。从"上山"、"在枪杆上夺取政权，建设政权"，到"工农武装割据"，到"先有农村红军，后有城市政权"，到"红军、游击队和红色区域的建立和发展，是半殖民地中国在无产阶级领导之下的农民斗争的最高形式，和半殖民地农民斗争发展的必然结果"，"是促进全国革命高潮的最重要因素"……毛泽东等人的经验逐渐丰富，思想逐渐明朗，认识逐渐升华，关于中国新民主主义革命的方向道路的科学理论形成，找到了中国新民主主义革命的工农武装割据，农村包围城市，武装夺取政权的正确方向道路。

在毛泽东关于中国新民主主义革命方向道路的科学理论形成过程中，在中国新民主主义革命正确道路形成的过程中，作为中共中央主要领导人之一的周恩来是作出了突出的、重大贡献的。

周恩来具体领导了由中国共产党领导发动的第一次武装起义——南昌起义，并且从南昌起义中汲取了深刻的经验教训。他认为，南昌起义后，部队“南下广东，想依赖外援，攻打大城市，而没有直接到农村中发动和武装农民，实行土地革命，建立农村根据地，这是基本政策的错误”。他在1928年至1930年实际主持中共中央工作期间，努力正确运用马克思列宁主义解决中国革命的方向道路的问题，努力克服“左”右倾思想干扰和政策的摇摆，支持毛泽东等人的实践，努力探索正确的革命道路。在毛泽东等人的实践基础之上，作出了“先有农村红军，后有城市政权”的正确结论和正确决策。在毛泽东的实践还不被认识、主张还不被接受，毛泽东处于困难境地之时，周恩来以中共中央指示信的方式，肯定和支持毛泽东在红四军的领导地位，使毛泽东的主张为全军认识、接受并顺利实行。古田会议以后，又因周恩来的大力介绍和推行，毛泽东的实践和思想逐步为全党全军以及共产国际、苏共所认识和接受。

二、求真务实的作风与社会主义建设道路的探索

1956年，新中国生产资料私有制的社会主义改造完成后，确立了社会主义基本制度，并在基本是“一穷二白”的基础上开始进行社会主义建设，为中国特色社会主义事业奠定了必要的前提和基础。对中国特色社会主义道路进行艰辛探索开始于我们党的第一代领导核心——毛泽东。关于如何建设社会主义，以毛泽东为代表的中国共产党人，以求真务实的精神，进行了艰苦卓绝的探索，初步形成了一系列有关建设中国特色社会主义的重要思路和设想，为中国特色社会主义建设事业的开辟奠定了基础。从总体上看，毛泽东对中国特色社会主义建设道路的探索是难能可贵的。可惜的是，在毛泽东晚年，由于国内外大环境和主观条件的影响，他错误地发动了十年“文化大革命”，使国民经济和社会发展受到了严重损失，也使他刚刚开始探索的中国特色社会主义建设道路遭到了严重挫折。

“文革”结束后，中国特色社会主义建设道路应该怎么走？这是以邓小平为代表的第二代中央领导集体面临的历史选择和亟待回答的时代课题。邓小平在领导我国社会主义改革开放和现代化建设的过程中，大力倡导求真务实的作风。邓小平围绕“什么是社会主义、怎样建设社会主义”这个中心问题进行科学探索和解答，为中国特色社会主义道路的科学选择和中国特色社会主义理论体系的历史形成奠定了基石。以邓小平为代表的第二代中央领导集体，求真务实，对中国特色社会主义道路的探索主要表现在以下六个方面：①

1. 确立解放思想、实事求是的思想路线，为成功开辟中国特色社会主义道路奠定思想基础

新时期我们党解放思想、实事求是思想路线的重新确立，是实现拨乱反正、推进中国特色社会主义伟大事业的逻辑前提和历史起点。“文化大革命”结束后，为了冲破“两个凡是”的思想禁锢、打开中国特色社会主义建设的历史新局面，邓小平从复出工作开始，就全力恢复党实事求是的思想路线。他提出要解放思想，即在马克思主义指导下打破习惯势力和主

①袁银传：《邓小平探索中国特色社会主义道路的历史过程与历史贡献》，《马克思主义研究》2009年第9期。

观偏见的束缚，研究新情况，解决新问题。邓小平在1977年4月致当时党中央负责同志的信中提出：我们必须世世代代地用准确的、完整的毛泽东思想来指导我们全党、全军和全国人民，把党和社会主义的事业，把国际共产主义运动的事业，胜利推向前进。此后，邓小平一再强调，毛泽东思想的精髓是实事求是，并亲自领导和支持了关于实践是检验真理唯一标准的大讨论，彻底否定了“两个凡是”的错误思想和路线，为党的十一届三中全会的召开作了必要的思想理论准备。在为十一届三中全会作准备的中央工作会议上，邓小平在《解放思想，实事求是，团结一致向前看》的报告中指出：“一个党，一个国家，一个民族，如果一切从本本出发，思想僵化，迷信盛行，那它就不能前进，它的生机就停止了，就要亡党亡国。”[①]并且强调：“实事求是，是无产阶级世界观的基础，是马克思主义的思想基础。过去我们搞革命所取得的一切胜利，是靠实事求是；现在我们要实现‘四个现代化’，同样要靠实事求是。”[②]这个报告实际上确定了党的十一届三中全会的主题，是开创我国改革开放历史新时期和中国特色社会主义建设新局

①《邓小平文选》第2卷，人民出版社1983年版，第143页。
②《邓小平文选》第2卷，人民出版社1983年版，第143页。

面的宣言书。

邓小平对解放思想、实事求是的强调是一以贯之的。在中国社会主义建设的重大历史关头，邓小平都强调解放思想、实事求是的重要性。反对“两个凡是”，在1978年支持“真理标准”大讨论，发表《解放思想，实事求是，团结一致向前看》的重要讲话，从而使全党摆脱了“两个凡是”的思想束缚，使改革开放成为全国人民的共识。1992年，在改革开放遭受了一系列挫折而停滞不前的时候，邓小平再次重申解放思想、实事求是，从而解决了困扰中国改革开放的一系列重大问题，确立了社会主义市场经济体制的改革目标。不仅如此，邓小平理论中的一系列重要观点都贯彻和体现了解放思想、实事求是的思想路线。社会主义初级阶段论、社会主义本质论、社会主义市场经济论、“一国两制”论最能体现邓小平解放思想、实事求是的思维特点。正是在实事求是地分析了中国的国情后，邓小平才作出了中国的社会主义还不够格，还处于初级阶段的论断。同样在实事求是地考察了世界各国社会主义运动兴衰成败的经验教训后，邓小平提出了全新的社会主义本质论，大大深化了我们对社会主义的认识。邓小平在深刻考察了世界社会主义运动的经验和现实后，提出了计划和市场都是手段，都是配置资源的方式，而不是区别社会主义与资本主义本质特征的重要论断。正是基于对中国历史和现实、中国与世界关系（特别是中国与英国、葡萄牙、美国、日本等国的复杂关系）的理性考察以及利弊得失的辩证分析，邓小平提出“一国两制”的伟大构想。正是基于“解放思想、实事求是”在中国特色社会主义理论和实践中的重要地位和作用，江泽民在党的十四大报告中指出：“解放思想，实事求是，是建设有中国特色社会主义理论的精髓，是保证我们党永葆蓬勃生机的法宝。”[①]而将“解放思想”与“实事求是”并列，并且将之作为中国共产党思想路线的首倡者正是邓小平。邓小平在党内重新确立解放思想、实事求是的思想路线，为改革开放和中国特色社会主义道路的成功开辟奠定了思想基础。

2. 提出“走自己的道路，建设有中国特色的社会主义”的科学命题，确立了中国特色社会主义道路的重大战略思想

经济文化相对落后的国家如何建设社会主义，是20世纪以来社会主义国家面临的重大课题。马克思和恩格斯生活在自由竞争的资本主义时期，他们通过比较未来共产主义社会（包

①中共中央文献研究室：《十四大以来重要文献选编》（上），人民出版社1996年版，第39页。

括它的第一阶段——社会主义社会）与资本主义社会的不同特征，并且从与资本主义社会相对立的意义上非常谨慎地预测、描绘和揭示未来共产主义社会的一般特征。

列宁领导的十月革命使社会主义由理论变成现实，但对于“什么是社会主义、怎样建设社会主义”这个问题的探索，苏联经历了一个曲折复杂的历程。邓小平在总结苏联社会主义建设经验教训的基础上，开创了一条适合中国国情的社会主义建设的新道路，这就是建设有中国特色的社会主义道路。邓小平指出：“社会主义究竟是个什么样子，苏联搞了很多年，也并没有完全搞清楚。可能列宁的思路比较好，搞了个新经济政策，但是后来苏联的模式僵化了。”[①]他还强调：“我们过去照搬苏联搞社会主义的模式，带来很多问题。我们很早就发现了，但没有解决好。我们现在要解决好这个问题，我们要建设的是具有中国自己特色的社会主义。”[②]针对人们思想上的困惑和疑虑，邓小平强调要解放思想，要把社会主义本质、社会主义根本制度与社会主义的发展模式、具体道路、运行机制等具体做法区别开来。他指出：“社会主义制度并不等于

①《邓小平文选》第3卷，人民出版社1993年版，第139页。
②《邓小平文选》第3卷，人民出版社1993年版，第261页。

建设社会主义的具体做法。苏联搞社会主义，从一九一七年十月革命算起，已经六十三年了，但是怎么搞社会主义，它也吹不起牛皮。我们确实还缺乏经验，也许现在我们才认真地探索一条比较好的道路。”[①]针对苏联社会主义模式的弊端及其对其他社会主义国家的消极影响，邓小平特别强调不能照搬别国模式，强调要走自己的路：“我是主张改革的，不改革就没有出路，旧的那一套经过几十年的实践证明是不成功的。过去我们搬用别国的模式，结果阻碍了生产力的发展，在思想上导致僵化，妨碍人民和基层积极性的发挥。”[②]他还强调：“在革命成功后，各国必须根据自己的条件建设社会主义。固定的模式是没有的，也不可能有。”[③]“各个国家应该根据自己的特点来实行社会主义的政策。”[④]

3. 确立“一个中心、两个基本点”的社会主义初级阶段党的基本路线，明确中国特色社会主义的中心任务和基本政治前提

党的十一届三中全会以来，以邓小平为核心的党的第二代

①《邓小平文选》第2卷，人民出版社1983年版，第250—251页。
②《邓小平文选》第3卷，人民出版社1993年版，第237页。
③《邓小平文选》第3卷，人民出版社1993年版，第292页。
④《邓小平文选》第2卷，人民出版社1983年版，第313页。

中央领导集体，认真总结历史的经验教训，提出了像中国这样的经济文化比较落后的国家，进入社会主义以后必须经历一个很长的社会主义初级阶段。邓小平深刻地指出："中国社会主义是处在一个什么阶段，就是处在初级阶段，是初级阶段的社会主义。社会主义本身是共产主义的初级阶段，而我们中国又处在社会主义的初级阶段，就是不发达的阶段。一切都要从这个实际出发，根据这个实际来制订规划。"①

所谓社会主义初级阶段，其基本含义有两层：其一，就社会性质而言，我们已经是社会主义社会，因而必须坚持社会主义方向和道路，而不能倒退回去搞"新民主主义"、搞私有化，也不能搞什么"全盘西化"和补什么"资本主义的课"。任何倒退和走回头路的企图，任何"改旗易帜"、偏离社会主义轨道的倾向，都是与社会主义社会的性质不相容的。因此，邓小平始终强调在社会主义初级阶段坚持"四项基本原则"的极端重要性。在1979年3月30日党的理论工作务虚会上，针对资产阶级自由化的错误思潮，邓小平明确提出了必须坚持"四项基本原则"的思想。邓小平指出，在20世纪内实现"四个现代化"，把我国建设成为一个社会主义强国，这是一个非常艰

①《邓小平文选》第3卷，人民出版社1993年版，第252页。

巨的任务。“我们要在中国实现‘四个现代化’，必须在思想政治上坚持“四项基本原则”。这是实现“四个现代化”的根本前提。这四项是：第一，必须坚持社会主义道路；第二，必须坚持无产阶级专政；第三，必须坚持共产党的领导；第四，必须坚持马列主义、毛泽东思想。”[①]他还特别强调：决不允许在‘四项基本原则’这个根本立场上有丝毫动摇，“如果动摇了这‘四项基本原则’中的任何一项，那就动摇了整个社会主义事业，整个现代化建设事业”[②]。之后，邓小平始终把“四项基本原则”作为中国特色社会主义的政治前提和思想基础。在1992年初南方谈话中，邓小平再次强调：“在整个改革开放的过程中，必须始终注意坚持‘四项基本原则’。”[③]其二，从发展程度而言，我国社会主义社会的成熟程度还很低，生产力还很不发达，仅仅处于初级阶段而不是较高阶段。所以，邓小平特别强调发展经济、解放和发展生产力的极端重要性。他指出：“现代化建设的任务是多方面的，各个方面需要综合平衡，不能单打一。但是说到最后，还是要把经济建设当作中心。离开了经济建设这个中心，就有丧失物质基础的危

①《邓小平文选》第2卷，人民出版社1983年版，第164—165页。
②《邓小平文选》第2卷，人民出版社1983年版，第173页。
③《邓小平文选》第3卷，人民出版社1993年版，第379页。

险。其他一切任务都要服从这个中心，围绕这个中心，决不能干扰它，冲击它。”①并且反复强调指出：“抓住时机，发展自己，关键是发展经济。”②“发展才是硬道理。”③

总之，“一个中心、两个基本点”的社会主义初级阶段基本路线的确立，明确了中国特色社会主义的中心任务和基本政治前提。对此，邓小平视察南方的重要谈话中深刻而简明地总结道：“要坚持党的十一届三中全会以来的路线、方针、政策，关键是坚持‘一个中心、两个基本点’。不坚持社会主义，不改革开放，不发展经济，不改善人民生活，只能是死路一条。”④

4. 系统论述改革开放的思路和政策，找到建设和发展中国特色社会主义的根本动力和途径

中国特色社会主义建设道路的关键，是找到社会主义发展的内在动力。历史唯物主义认为，社会基本矛盾运动是人类社会发展的根本动力，其中社会生产力的发展是社会发展的最终动力、最根本的决定力量。我国社会主义改造基本完成以后，

---

①《邓小平文选》第2卷，人民出版社1983年版，第250页。
②《邓小平文选》第3卷，人民出版社1993年版，第375页。
③《邓小平文选》第3卷，人民出版社1993年版，第377页。
④《邓小平文选》第3卷，人民出版社1993年版，第370页。

毛泽东把马克思主义唯物辩证法运用到我国社会主义建设的实践中，创立了人民内部矛盾论，阐述了社会基本矛盾学说，明确指出社会主义社会的基本矛盾可以经过社会主义制度本身得到解决，奠定了社会主义社会发展动力的理论基础。但是，由于历史的局限和各种复杂的国内外原因，毛泽东后来提出“以阶级斗争为纲”的口号，给社会主义建设带来严重损失。

邓小平强调，革命不只是搞阶级斗争、暴力革命，生产力方面的变革也是革命，而且是最重要、最根本的革命。他强调，建设、发展社会主义只能通过改革，改革是中国的第二次革命，“如果现在再不实行改革，我们的现代化事业和社会主义事业就会被葬送”[①]。所谓改革，就是变革社会主义生产关系和上层建筑中同生产力发展不相适应的环节和部分。改革是社会主义制度的自我完善和发展，而不是改变社会主义的根本制度。改革的中心环节，是在把单一的公有制的社会经济结构调整为现阶段以公有制为主体、多种所有制经济共同发展的基本经济制度的基础上，由计划经济体制转向社会主义市场经济体制，同时还配套地进行政治体制、科技体制、文化体制、教育体制等方面的全面改革，从而进一步解放了生产力，使社会

①《邓小平文选》第2卷，人民出版社1983年版，第150页。

主义制度焕发出了生机和活力。邓小平还特别强调：改革必须坚持公有制为主体和共同富裕两个重要原则，要正确处理改革、发展、稳定三者的关系问题，改革胆子要大，步子要稳，判断改革开放得失成败的根本标准是“三个有利于”等。

5. 提出社会主义现代化“三步走”战略，为中国特色社会主义道路确立战略目标和战略步骤

邓小平提出了我国现代化建设发展“三步走”的总体构想。在20世纪80年代初期，邓小平提出到20世纪末实现人均国民生产总值翻两番，达到小康水平的战略目标和分前后两个十年“两步走”的战略部署。20世纪80年代中期，邓小平又在小康目标和“两步走”的基础上，进一步论述了新的现代化战略目标和战略部署。他指出：“我们确定的目标不高。从一九八一年开始到本世纪末，花二十年的时间，翻两番，达到小康水平，就是年国民生产总值人均八百到一千美元。在这个基础上，再花五十年的时间，再翻两番，达到人均四千美元。那意味着什么？就是说，到下一个世纪中叶，我们可以达到中等发达国家的水平。”[①]党的十三大依据邓小平的构想，明确了我国经济建设“三步走”的战略部署。邓小平的“三步走”

①《邓小平文选》第3卷，人民出版社1993年版，第224页。

战略部署，从更深刻的认识层次上和更长远的历史跨度上，提出了我国社会主义初级阶段经济建设的发展战略，为中国特色社会主义道路确立了战略目标和战略步骤。

6. 提倡继续发扬独立自主、自力更生、艰苦创业的精神，制定中国特色社会主义道路的基本方针

独立自主、自力更生是中国新民主主义革命胜利的一条基本经验，是毛泽东思想活的灵魂的一个基本点，也是毛泽东在领导中国革命过程中一贯强调和坚持的方针。邓小平在认真总结中国革命、建设和改革的历史经验，深入分析社会主义初级阶段基本国情的基础上，继承和发展了毛泽东倡导的自力更生、艰苦奋斗的精神。他强调："我们一方面实行开放政策，另一方面仍坚持建国以来毛泽东主席一贯倡导的自力更生为主的方针。必须在自力更生的基础上争取外援，主要依靠自己的艰苦奋斗。"[①]我们搞的现代化，是中国式的现代化，我们建设的社会主义，是有中国特色的社会主义。"中国的事情要按照中国的情况来办，要依靠中国人自己的力量来办。独立自主，自力更生，无论过去、现在和将来，都是我们的立足点。中国人民珍惜同其他国家和人民的友谊和合作，更加珍惜自己

①《邓小平文选》第2卷，人民出版社1983年版，第406页。

经过长期奋斗而得来的独立自主权利。”[①]党的十三大将“自力更生，艰苦创业”作为实现社会主义现代化奋斗目标的方针，概括进党在社会主义初级阶段的基本路线之中，成为社会主义初级阶段的基本路线和中国特色社会主义建设道路的一个重要内容。

以邓小平为核心的中国共产党第二代中央领导集体，正是本着求真务实的精神，在总结新中国成立以来正反两方面经验、借鉴吸取国际经验的基础上，立足于改革开放新的伟大实践，探索出一条中国特色社会主义的建设道路。党正确把握了我国社会主义初级阶段的国情，制定了适合于这一国情的基本路线。我国改革开放不断走向深入，社会主义市场经济体制得以确立，现代化建设事业取得举世瞩目的伟大成就，这都是求真务实的结果。

三、世纪之交党的求真务实作风

江泽民在新的历史条件下，继续倡导全党求真务实，把改革开放和现代化建设不断推向前进。他提出，马克思主义具有与时俱进的理论品质，全党特别是领导干部，要站在时代前

①《邓小平文选》第3卷，人民出版社1993年版，第3页。

列，立足于新的实践，研究现实中的重大问题，不断深化对共产党执政规律、社会主义建设规律和人类社会发展规律的认识。他提出，在加强党的作风建设中，坚持解放思想、实事求是是第一位的。党的大政方针已定，关键在于落实。各级领导干部必须时时处处坚持重实际、说实话、务实事、求实效，必须大力发扬脚踏实地、埋头苦干的工作作风。“所有领导干部都要求真务实，少说空话，不做表面文章，不搞花架子，不搞形式主义”。他强调“落实，落实，再落实，因为这是做好一切工作的关键环节”，“不要在层层表态、层层开会、层层造声势上做文章，而要在层层抓落实、层层抓解决问题上下功夫”。

在新世纪新阶段，胡锦涛强调“要坚持发扬共产党人的革命精神和坚持科学求实态度的统一，脚踏实地，埋头苦干，坚决反对形式主义和官僚主义”。只有大兴求真务实之风，才能使我们党经受住长期执政考验和挑战，确保党始终走在时代前列，把中国特色社会主义伟大事业推向前进。胡锦涛早就指出，求真务实，是我党的思想路线的核心内容，也是党领导全国各族人民实现繁荣富强的主要途径。全党同志都必须站在实现中国小康社会宏伟目标的战略高度上，求真务实、踏实做事，一步一个脚印地做好本职工作，扎扎实实地把改革开放和现代化建设推向前进。

当前，中国共产党中央委员会总书记、中华人民共和国主席习近平指出，“空谈误国，实干兴邦”，这是千百年来人们从历史经验教训中总结出来的治国理政的一个重要结论。古人曰：“道虽迩，不行不至；事虽小，不为不成”，“为政贵在行”，“以实则治，以文则不治”。历史上有许多空谈误国的教训，发人深省。他进一步指出，人民是历史的创造者，人民群众才是推动社会发展的主要动力。我党之所以能取得革命的成功，就是因为我们党是和人民的利益紧紧地联系在一起，一心一意为人民谋利益的。现在我党面临的很大一部分问题，就是形式主义多了，和人民的联系少了，如果不重视、不改进，必然会在社会主义的发展道路上走曲折路。历史的经验告诉我们，只有密切联系群众，获得群众支持，才能兴党兴国，脱离了人民的支持，就会误党误国。目前我国已进入全面建设小康社会的关键时期，深化改革开放、提升产业升级已成为我国目前的主要任务，形势更加复杂多变，新矛盾层出不穷。这就要求党员干部特别是领导干部要更加清醒地认识所面临的形势和任务，坚持实事求是、求真务实，严禁弄虚作假、隐瞒错误和谎报成绩，以良好的党风政风带领全国人民攻克目前的难关，使得国家更加繁荣，人民更加幸福。历史的经验告诉我们，搞花架子，做表面文章，弄虚作假，不可能发展好中国。唯有从实际出发、求真务实，踏实干事，才能把有限的精力投入到社会主义的建设事业中，才能在实干中推进社会的发展，实现共产党人的历史使命。

历史经验表明，无论是过去、现在和将来，坚持实事求是的思想路线，弘扬求真务实作风，始终是我们党的制胜法宝，是党的活力之所在，也是党和人民事业兴旺发达的关键之所在。党的优良传统是党的历史的一部分，是党的奋斗历程中成功经验的积淀和升华，具有强大的生命力。求真务实作为党的优良传统中的重要内容，在当前具有极为重要的现实意义。毛泽东大力倡导“实事求是，力戒空谈”；胡锦涛反复强调“求真务实、真抓实干”。习近平总书记再次警示全党“空谈误国，实干兴邦”，就是要告诫全党和全国各族人民：要力戒空谈，多干实事，为早日建成小康社会贡献自己的聪明才智。也正是通过几代中国共产党人的共同努力，我国的经济和社会建设才取得了举世瞩目的成就：第一大贸易出口国、世界第一大新兴市场、第二大贸易进口国和第五大对外投资国、经济总量由世界第六跃居世界第二，综合国力迈上了一个新台阶。中华民族正秉承“艰苦奋斗、改革图强”之精神，逐步屹立于世界民族之林，成为影响当今世界和平与发展的一支举足轻重的力量。我们共产党人，在新的历史条件下，应该认真学习和切实继承党的这一优良传统，并结合新的实际，加以发扬和创新。

第五章　求真务实的困境分析

第一节　求真务实的困境表现

胡锦涛曾强调指出，要在全党大力弘扬求真务实精神、大兴求真务实之风。“因为这个问题对推进党和国家的各项工作，包括推进党风廉政建设和反腐败斗争，是一个十分重要而又具有基础性、根本性意义的问题。”然而，在工作实践中，一些党员和领导干部只是将求真务实写在本上、挂在嘴上，说说而已，要真正付诸实践、见之行动并一以贯之则非常困难。

我们党的建设和党员干部队伍的现状，也迫切需要在全党大力弘扬求真务实精神、大兴求真务实之风。求真务实，是共产党人应该具备的政治品格，是每一名党员干部在任何时候、任何条件下都必须坚持的科学精神和优良作风。在改革开放和现代化建设实践中，总的来看，广大党员干部在坚持求真务实、真抓实干方面做的是好的。但也必须看到，在一部分党员干部中确实存在一些亟待解决的突出问题。其主要表现是：有的不思进取、得过且过，作风漂浮、工作不实；有的好大喜功、急功近利，心态浮躁、追名逐利；有的弄虚作假、欺上瞒下，明哲保身、患得患失；有的贪图享受、奢侈浪费，以权谋私、与民争利；有的高高在上、脱离群众，如此等等。这些形式主义、官僚主义和极端个人主义现象，违背了党求真务实的科学精神，与党的性质、宗旨和优良传统格格不入。我们党九十多年的奋斗历程和国际共产主义运动的全部历史充分表明，什么时候求真务实坚持得不好，党的组织和党员干部队伍就缺乏朝气和活力，党和人民的事业就会遭受挫折。这些不良风气如果任意蔓延，不仅会严重削弱党员干部队伍的战斗力，危害党同人民群众的血肉联系，而且将从根本上毁掉党和社会主义事业。

为此，胡锦涛提出了八个方面良好作风：一是要勤奋好学、学以致用，牢固树立终身学习的思想，坚持理论联系实际的马克思主义学风，努力在建设学习型政党和学习型社会中走在前列，把学习的体会和成果转化为全面建设小康社会、构建社会主义和谐社会的能力，转化为推动党的执政能力建设和先进性建设的能力；二是要心系群众、服务人民，牢固树立马克思主义的群众观点，始终坚持党的群众路线，时刻摆正自己和人民群众的位置，在思想感情上贴近人民群众，下大气力解决好群众反映强烈的突出问题，下大气力做好关心困难群众生产生活的工作，多办顺应民意、化解民忧、为民谋利的实事；三是要真抓实干、务求实效，发扬求真务实精神、大兴求真务实之风，增强工作的责任感和紧迫感，一步一个脚印地把我们的事业推向前进，使各项政绩真正经得起实践、群众、历史检验；四是要艰苦奋斗、勤俭节约，牢记“两个务必”，带头发扬艰苦奋斗、勤俭节约的精神，带头反对铺张浪费和大手大脚，带头抵制拜金主义、享乐主义和奢靡之风，在各项工作中都要贯彻勤俭节约原则，真正把有限的资金和资源用在刀刃上；五是要顾全大局、令行禁止，自觉维护中央权威和中央大政方针的统一性和严肃性，确保党的理论和路线方针政策的贯彻落实，确保党和国家工作部署的贯彻落实，同时善于把中央精神与地方和部门实际结合起来，创造性地开展工作；六是要发扬民主、团结共事，严格执行民主集中制的各项制度规定，自觉接受党组织、党员和群众的监督，共同推动形成心齐气顺、风正劲足的局面；七是要秉公用权、廉洁从政，自觉遵守党的纪律和国家的法律法规，严格执行领导干部廉洁从政的各项规定；八是要生活正派、情趣健康，讲操守，重品行，注重培养健康的生活情趣，保持高尚的精神追求。与之对照，目前党的工作作风存在以下问题：[①]

第一，在干部管理方面，存在轻罚轻管、优亲厚友、重感情轻能力、谋人不谋事现象。一是部分单位在干部管理上，领导干部当好好先生、老好人，不愿得罪人，干部职工干好干坏一个样，干与不干一个样，有“只要‘感情’好哪怕你干不了”的现象，挫伤干部职工努力工作的积极性，打击了干部职工想干事、干好事的工作激情。二是有的单位领导，缺乏识人和辨别是非的能力，亲近与自己有“关系”和唯听是从、前呼后拥、跟前赶后的人，远离工作踏实、作风正派、能力强的干部职工，导致能干事、肯干事的人上不去，不干事、干不了事的人爬得快等现象，挫伤了干部职工积极进取的热情和努力工作的决心。

第二，在思想意识方面，宗旨意识弱化。一是有的领导干部不把党的群众路线放在重要位置，不把群众满不满意、赞不

① 杨仕斗，张学俊：《论求真务实难的原因与对策》，《陕西青年管理干部学院学报》2007年第1期，第33—35页。

赞成、得不得实惠作为衡量标准，不能做到思想上尊重群众、政治上代表群众、感情上贴近群众、行动上深入群众；有的奉信“不怕群众不满意，就怕上面不注意；不怕群众不高兴，就怕上面不开心；不怕群众不答应，就怕上面不相信；不怕群众不拥戴，就怕上面不喜爱；不怕群众不认同，就怕上面看不中”的谬论，对群众疾苦漠不关心，对群众利益麻木不仁，对群众态度蛮横粗暴；有的与民争利、与民为敌，称群众为“刁民”，视百姓为“无赖”。二是一些领导干部个人主义严重，心浮气躁，急功近利，干一点事就希望得到“回报”，刚刚提拔就琢磨“再上一个新台阶”；有的存在着“多干多错、少干少错、不干不错”的消极心态，畏惧困难，回避矛盾，有风险的工作不愿干，有困难的工作不想干，得罪人的事情不敢干，甚至为了不出事，宁肯不干事，不求有功，但求无过，四平八稳当干部，舒舒服服过日子。

第三，在团结进取方面，班子不和，存在派系之争现象。一是一些单位和乡镇一把手缺乏民主，独断专行，奉行“我的天空只能下我的毛毛雨”，喜欢遇事不商量、不研究，不开会、不沟通，一人做主，一言九鼎。一把手做事不讲原则，不讲道理，态度横蛮，作风霸道，决策一言堂，权力一把抓，用人清一色，用钱一支笔，言论一个音，顺我者昌，逆我者亡，如果不听话、不合意，管你是副职领导或是一般干部，动不动就遭到“无情打击”，搞得人人自危，敢怒不敢言。二是党委和政府级别一个样，争权夺利，相互拆台，勾心斗角。同时为了巩固自己的权力，拉帮结派，以派别看人，以好恶论事，明争暗斗，相互攻击，不配合，不协作，甚至两个正职之间、两派干部职工之间明里暗里对着干。

第四，在公款管理方面，肆意改变公款用途，有进行公款“相送”现象。一是部分领导干部对财金纪律熟视无睹，为了便于工作的开展，利用公款购买礼物或直接用现金变相送来协调工作检查的顺利通过、项目进驻实施等。二是一些领导干部为了协调与相关领导的关系，在过年过节、领导婚丧嫁娶的过程中，利用手中权力，变相向相关领导送款送物，以便得到领导的关照。

第五，在学习方面，存在敷衍了事，流于形式。部分领导干部在理论学习中存在着不好的学风和问题，一是部分单位领导干部疲于应付工作、照顾家庭、社会交往，忽视了学习的重要性，对党和国家理论、方针、政策缺乏深入系统地学习，有的单位领导干部一年难得组织干部职工集中学习一次，个人学习方面几乎为零。二是部分领导干部学习流于形式，上级相关部门要求学习的理论政策及文件精神，草草组织干部职工集中在一起，由领导照本宣科宣读一遍，就完成了学习任务，干部职工不思考，不重视，学完就忘，不会把理论知识运用到实践当中去，影响着理论学习质量和效果的提高。

第六，在服务职能方面，没有彻底转变服务意识。一是有的干部对工作中面临的新形势、新任务认识不清，对工作中出现的新情况、新问题缺乏深层次思考，拿不出切实可行的应对措施，找不到解决办法，不总结别人经验，自己又创造不出经验，动辄要态度，工作方法简单粗暴。二是现在部分干部除了抓本职工作外，就认为无权、无钱、无力为群众办实事，办好事，大事做不了，小事又不肯做。三是一些干部对群众缺乏深厚感情，在工作当中指手画脚、指责训斥，无耐心，不做细致工作，不懂得动之以情，晓之以理，高高在上，伤害了群众感情，影响了党和政府在人民群众中的声望。四是有的干部办事扯皮、拖拉，对党和国家的路线、方针、政策、制度、法律贯彻不力，有令不行，有禁不止。五是一些领导干部办事讲关系，处事不公正，重要领导打招呼的事情马上办，亲戚朋友、熟人打招呼的事情看着办，请吃送礼的掂量着办，有悖于国家法律和党的纪律，影响了党和政府在群众中的形象和威信，严重挫伤了基层民众的感情。

第七，在工作思路方面，工作上沉不下身，习惯于自上而下地贯彻，不习惯于走基层。我们的一些党员干部习惯于在办公室开展工作，习惯于用电话指挥工作，特别是一些镇（街道）干部，缺乏深入基层、深入群众的工作意识。有时下基层只在面上走一走，到基层干部那里谈一谈，而直接到群众家访贫问苦就更少，对基层群众提出的问题，也是能推则推，不能一抓到底。部分党员领导干部，对上级布置的任务和自己分管的工作，习惯于用会议去贯彻，用会议去落实，而直接到一线了解督查的比较少。有些工作上的会议自己觉得不是很重要，请人代会现象也比较多。有的干部把许多精力化在了接待、应酬上了。

第八，在立场方面，讲人情，但不讲原则，在原则面前拉不下脸。有许多领导干部习惯于听好话，看好脸，喜欢报喜不报忧，自己在原则问题上比较圆滑。对部下存在的问题该提醒、该批评也没有严肃地提出来，怕得罪人，怕在民主测评中失选票。对上面的规定，自己遵守还可以，但去大胆批评别人就觉得比较为难。在有的问题上不讲规矩，讲人情，不讲原则，讲感情。在同事之间、在民主生活会上自我批评很有一套，批评别人不痛不痒，表现出一种洁身自好，事不关己，对事业、对同志不负责任的处事态度。

第九，在利益方面，不比贡献，比名利，名利面前吃不了“亏”。有的干部对名利看得很重，职位上、待遇上，不比成绩，比资历，不比贡献，比级别。平时工作不用心，认为年头到了就该提拔，同事提职，他就应该有份，否则，组织上就亏待他了。从政府部门到党群部门工作就认为不重用，从城市调到基层工作就感到没有面子，不提拔就不想去，在任职上与组织讨价还价，斤斤计较。

2004年3月6日，新华社发表一组10幅漫画《不求真务实的10种表现》，形象、深刻地揭示和批评了不求真务实的十种突出表现：不思进取、得过且过，不认真学习理论，不用心汲取新知识，不深入思考新问题，思想上故步自封、停滞不前，工作上敷衍了事、庸碌无为；作风飘浮、工作不实，以会议落实会议，以文件落实文件，满足于一般号召，抓工作浮光掠影，搞调研蜻蜓点水，身子沉不下去，对实际情况不甚了了；好大喜功、急功近利，不按客观规律办事，不顾现实条件，提不切实际的高指标，搞违背科学的瞎指挥，导致决策失误，造成严重浪费；随心所欲、自搞一套，不认真贯彻执行中央的方针政策和工作部署，甚至搞“上有政策、下有对策”，不仅损害国家的全局利益，而且侵犯群众的切身利益；心态浮躁、追名逐利，一事当前，总是算计个人得失，习惯于做表面文章，热衷于搞“形象工程”、“政绩工程”，脱离实际，劳民伤财；弄虚作假、欺上瞒下，报喜不报忧，掩盖矛盾和问题，蒙蔽群众，欺骗上级；明哲保身、患得患失，在原则问题上采取事不关己、高高挂起的态度，奉行“你好、我好、大家好”的处世哲学，不开展批评，不让人批评，甚至压制批评；贪图享受、奢侈浪费，追求低级趣味，热衷于个人享乐，大吃大喝，大手大脚，铺张浪费；以权谋私、与民争利，干工作不是先考虑群众利益，而是先考虑小团体、本部门、本单位的利益，乱收费、乱集资、乱摊派，侵害群众利益，甚至中饱私囊；高高在上、脱离群众，对群众的安危冷暖漠不关心，工作方法简单粗暴，甚至肆意欺压群众。

可见，不求真务实危害巨大，这种坏的工作风气已经引起党中央的高度关注。

第二节　求真务实的制约因素分析

一、客观事物的复杂性造成了求真务实的艰苦性

我们生活的大千世界，既丰富多彩又纷繁复杂。真象和假象，现象和本质，总是交织在一起，只有经过去粗取精、去伪存真、由此及彼、由表及里的改造制作，才能由感性认识上升到理性认识，从而获得人们关于客观世界的规律性认识。同时，任何事物的发展道路都不是直线式的，而是迂回曲折的。这就决定了我们认识世界、认识事物、求索真理是一个艰苦的过程，是着实需要进行一番科学研究才能有所收获的，任何不经过艰苦劳动就企图一蹴而就，是不可能到达真理的彼岸的。另外，事物的发展道路从横向看是波浪式前进，从纵向看是螺旋式上升。事物自身的这种曲折发展性，使得我们今天认识了的问题，明天会因其不断变化而出现未能认识的新问题。如果不及时更新认识，就会落后于事物的发展。因此，要真正做到求真务实，就必须坚持事物发展的前进性和曲折性相统一的原

理，不断解放思想，始终与时俱进。在新世纪新阶段，建设中国特色社会主义的事业已经取得了举世瞩目的伟大胜利，但仍然任重而道远。面对复杂多变的国际环境，面对艰巨繁重的国内建设任务，面对我们党肩负的历史使命，要抓好发展这个党执政兴国的第一要务，落实全面、协调、可持续的发展观，实现经济持续快速协调健康发展和社会全面进步，必须“在全党大力弘扬求真务实精神、大兴求真务实之风”，关键是要引导全党同志不断“求我国社会主义初级阶段基本国情之真，务坚持长期艰苦奋斗之实；求社会主义建设规律和人类社会发展规律之真，务抓好发展这个党执政兴国的第一要务之实；求人民群众的历史地位和作用之真，务发展最广大人民群众根本利益之实；求共产党执政规律之真，务全面加强和改进党的建设之实”。

二、认识过程的反复性增加了求真务实的艰辛性

马克思主义认识论告诉我们，真理不是一次完成的，而是一个最初由少数人认识，到多数人接受，以至广泛认同的历史过程，尤其是人们对于一个复杂事物的认识，往往要经过由实

践到认识、由认识到实践的多次反复才能完成。“求真”的过程是认识世界的复杂过程，“务实”的过程则是改造世界的艰难过程。这是因为，人们在认识世界和改造世界的过程中，既要受到客观过程的发展及其表现程度的制约，受到科学技术条件的制约，又要受到思维者本身肉体和精神状况的限制。这些主客观原因，既限制着人们取得十分丰富而又合乎实际的感性材料，又限制着人们进行思维加工的能力。这就使得人们对于事物的认识往往不容易一下子就能达到主观和客观的统一，很可能要走一些弯路，甚至犯一些错误，这正是难以真正做到求真务实的认识论原因。人们熟知，中共“一大”纲领就明确提出要直接实行社会主义，这在今天看来是很幼稚的，因为它非常明显地脱离了当时中国的基本国情。说以马克思主义为指导的中国共产党脱离国情产生了空想的纲领，大家从感情上似乎难以接受，但这毕竟是客观的历史事实。由此可见，许多看来是常识性的认识，却往往是长期求真务实的结果。

三、主观主义的顽固性加大了求真务实的困难性

主观主义有多种表现形式：既有实际工作中的教条主

义、经验主义，又有急躁冒进、保守主义，还有形式主义。其中，对社会主义革命和建设危害最大的是经验主义和教条主义。经验主义者在实践中获得了一定的经验，但却不注意花气力调查研究新情况，解决新问题，把局部的、一时一地的经验当成普遍的、永恒的和绝对的真理，因而不可能科学地洞察客观事物的本质和规律，结果背离了求真务实的思想路线。主观主义最严重的表现是教条主义。教条主义的特点是夸大理论的作用而轻视实践的作用，把“本本”当作真理的标准，把“理论”当成包医百病的灵丹妙药，把空洞的“理论”变成了僵死的“教条”。长期以来，对马克思主义错误的和教条式的理解主要表现为：引证革命导师关于那个时代的某一论述，来裁剪和解决今天独特而复杂的现实问题；把马克思主义理论认为只在一定条件下起作用的一些原理看成绝对化的真理，看成是必须遵守的哲学公式；把马克思主义理论看作是某种神圣不可侵犯的东西，不得越雷池半步；革命导师已经承认是错误的个别结论，还当作金科玉律死抱住不放。所有这些做法，严重地禁锢了人们的思想，束缚了人们的手脚。因此，主观主义是“求真务实”的大敌。要真正做到求真务实，必须反对主观主义，“只有打倒了主观主义，马克思列宁主义的真理才会抬头，党性才会巩固，革命才会胜利”。

四、个人利益的关联性导致了求真务实的艰难性

许多党员干部都有这样的体会：在一些比较简单的问题上做到求真务实并不难，但在一些重大问题和关键时刻，尤其是涉及到个人利益得失的时候，要做到求真务实就困难多了。有人对求真务实的道理并不是不懂，但为了个人和小团体的私利却不愿坚持求真务实，缺乏应有的正气、勇气和魄力。因此，要真正做到求真务实，广大党员干部就必须强化一个“公”字，去掉一个“私”字，树立一个“敢”字，克服一个“怕”字，坚持立党为公、执政为民，始终保持同人民群众的血肉联系，切实把人民的根本利益实现好、维护好、发展好。这是因为：求真务实涉及社会生活的方方面面，和人们的切身利益息息相关，人们追求客观真理、坚持求真务实，往往需要承受巨大的压力，冒一定的风险，甚至付出生命的代价。可见，要真正做到并坚持求真务实绝非易事。

五、缺乏一个求真务实的客观环境和气氛

我们认为，求真务实之“难”，既有各级官员出发点的主观原因，也有社会风气的客观原因。就客观而言，就是领导上造成一种空气、环境，使得下面敢于发表不同意见，形成生动活泼、能够自由交换意见的局面。这个问题对我们当权的政党非常重要。我们不要怕没有人歌功颂德，怕的是人家不敢向我们提不同意见。绝不能因为人家讲几句不同意见，就给扣上种种帽子。总之，民主风气很重要。很多同志不能求真务实，就是因为我们的民主法制不健全，缺乏这样一种客观的环境和气氛。因此，在如何才能求真务实这个问题上，既要解决个人的价值观问题，也要解决社会的制度安排问题——在要求大家把为人民服务作为自觉追求，提高正确认识和把握客观事物规律能力的同时，在制度安排上，为求真务实提供切实保障，对不求真务实形成切实制约。

总之，随着社会经济成分、组织形式、就业方式、利益关系和分配方式的日益多样化，一些干部群众的思想观念和价值取向呈现出多样化趋势，特别是少数党员干部由于放弃世界观改造，人生观和价值观发生扭曲，权力观、地位观和利益观出

现错位，从而导致了形式主义、官僚主义和极端个人主义等不良风气的滋长。要彻底解决这一问题，就必须适应新形势的新要求，改进和强化对党员干部的教育、管理和监督工作。而求真务实正是为广大党员干部树立正确的世界观、人生观和价值观提供了有效的载体，为解决部分党员干部权力观、地位观和利益观错位问题找到了现实的途径。当前，我国改革和发展正处在一个关键时期。面对新的形势和任务，大力弘扬求真务实精神、大兴求真务实之风，十分重要而紧迫。

第六章　求真务实精神贵在落实及保障

第一节　求真务实的从政理念与指南

“弘扬求真务实精神、大兴求真务实之风”，关键在领导干部。作为领导干部，要充分认识、深刻理解求真务实的重大意义和指导作用：只有“求真务实”，才能从实际出发，作出科学的决策；才能避免形式主义，消除官僚主义；才能树立和落实科学的发展观；才能真正做到立党为公、执政为民。领导干部要实践和落实“求真务实”的从政理念，应当注意：制定发展战略，决定发展速度，必须从当地实际出发；摆正自身位置，树立“信民、靠民、亲民”的理念；少搞形象工程，树立科学的发展观、正确的政绩观，避免形式主义，注重工作实效，反对弄虚作假。

在广大党员干部中树立求真务实的从政理念，培养求真务实的作风，需要从主观和客观两个方面入手，标本兼治。客观上，一是要不断完善干部选拔任用制度。有些地方官员之所以慷国家之慨违法批地、弄虚作假等，主要在于个别地方存在“政绩工程”来选任考核干部的做法。二是要修改完善对地区、部分和干部个人政绩的考核指标和办法。不仅看其任期内完成了多少建设工程，还要注重考核社会进步、人民群众生活改善等情况；要让人民群众参与对地区、部门和干部的考核工作。三是要建立健全绩效审计和责任追究制。这些年，个别地方出现了一些劳民伤财的“政绩工程”，但少见有领导因此被追究责任的，除非他在工程中接受了贿赂，受到法律的惩处。所以，对日后那些热衷于“形象工程”，不干、少干实事，只做表面文章、不求实绩实效的官员，应追究其行政责任甚至罢免官职。主观上，作为领导干部尤其是一个地区、部门的领导班子，应当注意从以下方面践行求真务实的精神和从政理念：①

1. 制定发展战略，决定发展速度，必须从当地实际出发。“正确认识国情，按照国情制定路线方针政策和开展工

①刘文俭：《求真务实：领导干部的从政理念和行动指南》，《中共石家庄市委党校学报》2004年第4期，第11—13页。

作，是坚持求真务实的根本依据。”深刻理解胡锦涛的这一重要论述，对于大力弘扬求真务实精神、大兴求真务实之风十分重要。作为领导干部正确认识国情、省情、市情，求真务实才会有坚实的实践基础。要达到预想的工作目标，必须使自己的思想合于客观实际，坚持一切从实际出发，这是把求真务实精神付诸实践的关键环节，是坚持求真务实的根本依据。只有把社会经济发展的一般规律与当地实际相结合，才能真正制定富有特点和竞争力的发展战略和思路，才能科学确定适当的富有持续性的发展速度，避免大起大落和不必要的损失。

2. 摆正自身位置，树立“信民、靠民、亲民”的理念。我们党来自人民，根植于人民，服务于人民。建设中国特色社会主义全部工作的出发点和落脚点，就是全心全意为人民谋利益。党的领导、党的一切工作，都要相信人民，依靠人民，汲取人民的智慧，尊重人民的创造，接受人民的监督。正如江泽民所说，人民，只有人民，才是我们工作价值的最高裁决者。人心相背，是决定一个政党、一个政权盛衰的根本因素。党的理论路线和方针政策以及全部工作，只有顺民意、谋民利、得民心，才能得到人民群众的支持和拥护，才能永远立于不败之地。作为党的领导干部，必须真正认识到：群众在我们心里的分量有多重，我们在群众心里的分量就有多重。在正确对待群众的问题上，来不得半点含糊。我们党九十多年的历史充分证明，只有始终把最广大人民的根本利益放在第一位，切实把关心群众的工作做好、做细、做实，真正做到权为民所用、情为民所系、利为民所谋，我们才能凝聚起强大的力量，战胜一切艰难险阻，不断把改革开放和社会主义现代化建设事业推向前进。党员干部只有真正树立起“信民、靠民、亲民”的理念，才能够摆正自身位置，少考虑自己的政绩和升迁，多考虑人民的利益和社会发展，自觉实践求真务实的从政理念。

3. 少搞形象工程，树立科学的发展观、正确的政绩观。树立科学的发展观、正确的政绩观，是树立求真务实理念、发扬求真务实作风的具体体现。它既是一个重大的理论课题，又是一项艰巨的实践任务，关系党和国家工作的大局，关系中国特色社会主义事业的长远发展。各级领导干部特别是党政主要领导要大力弘扬求真务实精神，大兴求真务实之风，在树立和落实科学发展观上发挥示范和带动作用。要深刻领会和准确把握科学发展观的精神实质、主要内涵和基本要求，自觉地用科学发展观指导各项工作。当前尤其要坚持以人为本，就是科学发展观的本质和核心，是坚持立党为公、执政为民的必然要求。

要把人民的利益作为一切工作的出发点和落脚点，不断满足人们的多方面需求和实现人的全面发展。

树立和落实科学的发展观，首先必须树立正确的政绩观。树立和落实科学发展观同坚持正确的政绩观是内在统一的，都是为了解决发展什么和怎么发展得更好的问题。按照科学发展观去指导发展，把我们党执政兴国的第一要务落实得更好，这本身就是更大的政绩；而违背科学发展观的所谓政绩，只能使发展陷入盲区和误区。政绩，应是领导干部在其任期、任职范围内的社会实践中取得的实际政绩，即领导干部贯彻落实党的路线、方针、政策所取得的工作成绩。领导干部的政绩要通过实践来检验，要用中国特色社会主义理论的要求来衡量，要通过当地经济社会的实际发展、环境的改善、人民生活水平的真正提高来体现，而不能以“形象”的优劣、表面的繁荣与否、浮夸的数字大小来衡量。

4. 避免形式主义，注重工作实效，反对弄虚作假。树立求真务实的从政理念，把求真务实作为自己的行动指南，必须要有求真务实之“勇”。由于人们对事物的认识有先有后，观察问题的角度千差万别，这就决定了坚持求真务实有时可能会得罪上级，影响个人的仕途；得罪同事，陷于孤立；得罪下级，失去信任，因而需要巨大的勇气和毅力，甚至付出一定的代价。因此，求真务实需要大无畏的精神和勇气，勇于说真话、报真情，善于出实招、干实事，符合实际的就坚持到底，脱离实际的就努力改正。只有这样，才能坚决刹住形式主义、弄虚作假等歪风，把求真务实落到“实”处。

5. 少听工作汇报，大兴深入群众调查研究之风。“求真”是“务实”的前提，先弄清“实事”是什么样子，才有可能去“求是”。这就需要我们下真功夫、苦功夫去调查研究，摸清情况。因此领导干部要实践求真务实的从政理念，必须坚持从群众中来、到群众中去的工作路线，少听汇报，多到基层调查研究，倾听群众呼声，反映群众意愿，集中群众智慧。只有掌握第一手资料，了解社会经济发展的真实情况，依靠人民群众，才能作出科学、民主的决策；也才能知道地区社会经济发展中、部门工作中存在哪些群众关心的问题急需解决，把功夫用在“实”处。

第二节　求真务实的基本要求

当前，全党全国人民正以饱满的热情投入到实现全面建设小康社会的宏伟目标之中。在此背景下，提倡弘扬、贯彻求真务实精神更是有现实意义的紧迫要求。坚持求真务实必须身体力行。要使广大党员干部长期坚持、自觉实践求真务实，就应当用科学的态度对待求真务实，用过硬的素质践行求真务实，用创新的精神推动求真务实，用健全的制度保证求真务实。①

一、坚持求真务实，必须有勇气，做到不唯书、不唯上、不唯私，只唯真、只唯实、只唯公

求真务实既是对党员干部党性原则的要求，也是对党员干部意志品质的考验。坚持求真务实知易行难，难就难在求真务实本身就是一个追求真理、捍卫真理、为真理而斗争的过程。真理是不可战胜的，但人类求索真理的道路却是艰难曲折的。这不仅因为真理有一个由少数人认识到多数人接受以至广泛认同的过程，而且追求真理往往需要承受巨大的压力甚至付出生命的代价。因此，坚持求真务实，就必须具有不为任何艰难险阻所吓倒的勇气和不屈不挠、坚韧不拔的毅力。彻底的唯物主义者是无所畏惧的。心底无私天地宽，只要我们始终做到大公

①王久高，孟毅辉：《“求真务实”精神提出的背景、内涵及基本要求》，《云南行政学院学报》2005年第6期，第38页。

无私，始终站稳人民群众的政治立场，摆脱名缰利锁的束缚，就敢于同各种不良倾向作斗争，坚持讲真理不讲面子，讲原则不讲关系，讲党性不讲私情。

二、坚持求真务实，必须具备较高的能力和素质

求真务实是一个认识世界、改造世界的复杂过程，也是一个艰苦的实践过程。如果没有一定的能力和素质，就难以认识客观规律、把握事物本质、推动实践发展，特别是抓住重要战略机遇期、从容应对现代化建设重要关口的各种挑战和考验。因此，广大党员干部特别是各级领导干部，要成为求真务实的忠诚实践者，必须大力提高自身的综合素质，不断掌握求真务实的方法和本领。一是切实加强学习，不断提高理论水平，掌握当代各种新知识新技能。要坚持用马列主义、毛泽东思想、邓小平理论特别是“三个代表”重要思想武装头脑，打牢马克思主义的理论功底，提高运用马克思主义立场、观点、方法分析和处理各种实际问题的能力。同时，要广泛学习经济、法律、科技、管理等各方面的新知识、新技能，不断为求真务实提供必要的知识储备。二是注重调查研究，不断提高决策的科

学化、民主化水平。调查研究是谋事之基、成事之道。要坚持深入群众、深入基层、深入实际，下真功夫、苦功夫去搞好调查研究，老老实实向人民群众请教，认认真真向专家学者问计，努力掌握事物发展的内在规律，提出解决问题的办法和措施，保证决策的正确有效。三是做到真抓实干，不断提高抓落实的水平。为政之要，贵在落实。要从立党为公、执政为民的高度，以一种一张蓝图干到底、不达目的不罢休的精神抓好各项工作的落实，并掌握正确的方式方法，善于区分轻重缓急，坚持重点突破、整体推进，妥善处理改革发展中遇到的各种问题，尤其是对于新时期的人民内部矛盾，要学会运用发扬民主、说服教育、耐心疏导、经济调节、道德规范和依法裁决等方法加以解决，从而真正练就求真务实的过硬本领。

三、坚持求真务实，必须正确认识世情、国情、党情，必须清楚中国最大的实际是建设中国特色社会主义

这是大力弘扬求真务实精神、大兴求真务实之风的基本依据。大力弘扬求真务实精神、大兴求真务实之风，要求我们科学地认识当今世界大发展、大变革、大调整的真实状况，把握

世界经济格局发生的新变化、国际力量对比出现的新态势、全球思想文化交流、交融、交锋呈现的新特点；要求我们科学地认识我国仍处于并将长期处于社会主义初级阶段的基本国情没有变，人民日益增长的物质文化需要同落后的社会生产之间的矛盾这一社会主要矛盾没有变，同时我国发展呈现一系列新的阶段性特征，出现一系列新情况新问题，要把握这些变化的本质及趋势，找出解决问题的相应对策；要求我们科学地认识党自身的发展变化，新中国成立以来党员队伍不断发展壮大、结构不断优化、素质逐步提高、党组织的覆盖面不断扩大，中国共产党展现出蓬勃的生机和活力，同时增强党员队伍素质、优化党员队伍结构、提高党员队伍管理的科学化水平成为亟待解决的问题。同时，作为一种科学精神，求真务实就是要求我们用马克思主义的世界观和方法论不断探索经济社会发展的内在规律，按照客观规律办事。

四、坚持求真务实，必须做到上级精神与本地实际相结合，使各项工作体现时代性、把握规律性、富于创造性

恩格斯指出，我们的行动“不是从原则出发，而是从

事实出发”。坚持主观与客观、理论与实践的统一，坚持上级精神与本地实际相结合，是求真务实的内在要求和必然结果。我们要找准上级精神与本地实际的最佳结合点，把一般性号召与个别指导结合起来，把战略思考和战术安排结合起来，坚持用创新的理念、开放的思维、宽广的视野和预见性的眼光，不断研究新情况、解决新问题、积累新经验，多谋创新之策、多出创新之举、多做创新之事，努力实现工作思路、工作领域、工作载体和工作方法的与时俱进，真正做到发展有新思路，改革有新突破，开放有新局面，各项工作都有新举措。

五、坚持求真务实，必须建立完善的激励约束机制，引导党员干部确立正确的价值取向、行为准则、政治品格和工作作风

邓小平指出，制度问题更具有全局性、根本性、长期性和稳定性。制度好可以使坏人无法任意横行，制度不好可以使好人无法充分做好事，甚至会走向反面。只有通过制度建设，形成一种机制，才能严格规范党员干部的行为，使其言行受到强有力的约束和监督，从而自觉地在求真务实的轨道上运行。这

就要求我们必须切实建立和健全各项制度，从体制上保证党员干部做到求真务实。当前尤其要认真执行并进一步完善干部选拔任用制度，形成一套科学合理的干部考核评价监督体系，客观公正地考察、识别、使用、激励和监督干部，把求真务实贯穿于干部选拔任用的各个环节。与此同时，要建立健全各项学习、调查研究、联系群众、民主决策、公开办事等相关制度，引导广大党员干部特别是各级领导干部把求真务实化作价值取向、行为准则、政治品格和工作作风，自觉地做到讲实话、出实招、办实事、求实效。

第三节　求真务实教育先行

思想是行动的先导。要使广大党员干部在行动上做到求真务实，首先要使广大党员干部在思想上深刻认识坚持求真务实的极端重要性，打牢求真务实的思想基础。要切实加强思想教育，不断提高党员干部求真务实的自觉性，具体而言，主要应包括以下方面：[①]

①《切实加强思想教育 不断提高党员干部求真务实的自觉性》，《思想工作论坛》2004年版，第3页。

一、坚持全心全意为人民服务，摆正同人民群众的关系，是坚持求真务实的根本准则

党的宗旨是全心全意为人民服务。求真务实，根本上说，就是要牢记党的全心全意为人民服务的宗旨，坚持一切从人民的利益出发，坚持以最广大人民的根本利益为最高标准。只有始终摆正党同人民群众的关系，才能真正做到求真务实，真正做到全心全意为人民服务。为此，要坚持求真务实，就要在广大党员干部特别是领导干部中深入开展马克思主义群众观点和党的群众路线的教育，使广大党员干部牢固树立人民群众是历史创造者的观点、虚心向人民群众学习的观点、竭诚为最广大人民谋利益的观点、干部的权力是人民赋予的观点、对党负责和对人民负责相一致的观点，帮助广大党员干部进一步提高坚持立党为公、执政为民的自觉性，进一步提高坚持权为民所用、情为民所系、利为民所谋的自觉性。

二、正确认识国情，按照国情制定路线方针政策和开展工作，是坚持求真务实的根本依据

我国正处于并将长期处于社会主义初级阶段，这一阶段

里人口多、底子薄、发展不平衡，生产力发展水平还不高，人均国内生产总值仍居于世界后列。这是我国的基本国情，也是我们想问题、作决策、办事情的前提和基础。一切从国情出发是中国特色社会主义建设的基础和取得伟大成绩的保障。要坚持开展基本国情教育，使广大党员干部一定要坚持从基本国情这个最大的实际出发，既增强工作的紧迫感，以只争朝夕的精神抓住机遇加快各项事业的发展，又充分考虑社会主义现代化建设的长期性和艰巨性，作好长期艰苦奋斗的思想准备，防止和克服急于求成、急功近利的心态和做法，老老实实地艰苦创业，踏踏实实地艰苦奋斗。

三、认识规律、把握规律、遵循和运用规律，是坚持求真务实的根本要求

在长期的实践中，我们在对共产党执政规律、社会主义建设规律和人类社会发展规律的认识上取得了重大成果。这些成果深刻地体现在毛泽东思想、邓小平理论和“三个代表”重要思想和科学发展观之中，体现在党的基本路线、基本纲领和基本经验之中，体现在十一届三中全会以来党和国家的一系列方针政策之中。我们要坚持用这些宝贵成果教育党员干部，使大

家在推进各项工作时能够更好地把握规律性、增强主动性、减少盲目性、克服片面性。

四、树立科学政绩观、勤政思想和摆脱贪图享乐主义，是坚持求真务实的思想根源

真抓实干、务求实效，是共产党人应该具备的政治品格。这种精神和作风，历来为我们党所重视、所倡导。但在工作实践中，为什么一边强调真抓实干，一边却是形式主义、官僚主义屡禁不止？究其思想根源主要有以下三方面：一是政绩观出现偏差。真抓实干、务求实效，不单是工作作风问题，更是世界观、价值观、政绩观问题，说到底是“为谁服务”的问题。从政一任、造福一方，是对党员干部的基本要求，也是从政为官应有的职业道德。有的干部为了任内出政绩，不按照科学发展观要求抓工作，不顾客观实际超前“透支”，竭泽而渔，“寅吃卯粮”，看似工作力度大，实则妨碍了长远建设，给后任留下沉重的包袱。这种所谓的“政绩”，是短期行为，是假象，是泡沫，其出发点不是为推进经济建设又好又快发展，而是赶浪头、追风头、争彩头，对自己有利就干，没利就不干，想方设法往自己脸上“贴金”，其做法背离了科学发展

观的根本要求。二是懒惰思想作祟。真抓实干，务求实效，必须尊重客观规律。而要准确掌握客观规律，就要刻苦学习，潜心调研，艰苦探索，思想懒惰是不行的，非下真功夫、苦功夫不可。可是，有些人思想懒惰，不学习、不研究、不思考，养尊处优，不愿做艰苦细致的工作，遇到难题绕着走，出现矛盾上推下卸，贯彻上级指示上下一般粗，只当“中转站”、“传声筒”，不当“变压器”、“加工厂”。殊不知，在推进中国特色社会主义现代化建设的征途上，攻关破难、建功立业，既需要抓住机遇、乘势而上，更需要发挥主观能动性，把上级的指示同本单位的实际结合起来，精心做好具体工作，这都离不开脚踏实地、埋头苦干。三是贪图个人享乐。早在建国前夕，毛泽东就告诫全党牢记“两个务必”。在新的形势任务面前，党员干部应该把主要心思和精力用在事业上。有些干部艰苦奋斗精神有所淡化，贪图安逸思想逐渐滋生，有的精神境界不高，生活情趣低下，个别的甚至追求感官刺激，沉湎于酒色，玩物丧志，不琢磨如何搞好单位建设，专门琢磨个人如何利用职位享受生活。人的精力是有限的，如果迷恋声色犬马，过分追求个人享乐，就难以集中精力抓学习、干工作、谋发展。

要树立正确的政绩观，也要树立科学的发展观。不坚持科学的发展观，就不可能落实正确的政绩观。反过来讲，不坚持正确的政绩观，也不可能落实科学的发展观。因此，要树立科学的发展观，也要树立正确的政绩观。说到底，只有按照客观规律办事，真正树立和落实科学的发展观和正确的政绩观，才能更加自觉地坚持以经济建设为中心，更加自觉地促进社会主义物质文明、政治文明和精神文明的协调发展，更加自觉地促进社会全面进步和人的全面发展，更加自觉地促进经济社会的可持续发展。

总之，通过加强求真务实的思想政治教育，增强五种意识，打牢求真务实的思想基础，坚持求真务实的行动就自觉、就坚定。十七届四中全会通过的《中共中央关于加强和改进新形势下党的建设若干重大问题的决定》提出，引导党员、干部增强党的意识、宗旨意识、执政意识、大局意识、责任意识，做到为党分忧、为国尽责、为民奉献。具体而言，增强党的意识，要增强为崇高理想奋斗的意识，增强为民族复兴而奋斗的自豪感和使命感；增强宗旨意识，要加强同人民群众的血肉联系，自觉为群众排忧解难；增强执政意识，要清醒认识到“过去拥有不等于现在拥有，现在拥有不等于永远拥有”这一真理；增强大局意识，要有牺牲和奉献精神，关键时刻能够为全局牺牲局部和个人利益；增强责任意识，是要增强对党忠诚、为人民服务和为国家甘于奉献的责任意识。树立了这五大意识，就能够始终坚持一切从人民的利益出发，在任何时候任何情况下，都能把最广大人民的根本利益放在首位，在根本上做到求真务实；树立了这五大意识，就能够自觉地去回答参加革命是为什么、现在当干部应该做什么、将来身后应该留点什么的问题，就能够努力做到凡是为民造福的事情就一定竭力办好、凡是损害广大群众利益的事情就坚决不办，在深层次上做到求真务实。进一步增强党的宗旨意识，进一步认清我国的基本国情，进一步深化对共产党执政规律、社会主义建设规律和人类社会发展规律的认识，就能够促使党员干部把求真务实的精神和作风贯注到加强和改进党和国家的各项工作，不断推进我们的事业健康发展。

第四节　求真务实的班子建设

毛泽东曾说过：“正确的政治路线确定以后，干部就是决定的因素。”[①]江泽民也指出：“人才是科技进步和经济发

①《毛泽东选集》人民出版社1969年版，第492页。

展的最重要的资源。”[1]而决定“干部”、“人才”的重要因素，就是思想政治素质和业务素质。领导干部的积极性在经济社会的发展中起着重要作用。领导干部的带头示范是对人民群众最实际、最有力的动员和教育，对员工的思想有着潜移默化的影响，在调动人民群众工作积极性的过程中有着不可替代的作用。大力弘扬求真务实精神，进一步加强领导班子和领导干部建设，具体包括以下几个方面：

一、要坚持用中国特色社会主义理论武装党员、教育干部，强化求真务实的思想基础

要在全国党员干部中继续深入开展中国特色社会主义理论学习教育活动，提高坚持“一个宗旨”、牢记“两个务必”和实践中国特色社会主义理论的自觉性。要立足实际，创新形式，弘扬理论联系实际的学风，要学以致用，把经过学习得到升华的思想成果，转化为领导改革开放和现代化建设的能力和水平。

---

①《人才是科技进步和经济社会发展最重要的资源》，《论科学技术》2001年版，第97页。

二、要落实大规模培训干部的战略任务，提高求真务实的内在素养

要坚持“两手抓”，一手抓理论教育和党性教育，突出干部队伍思想政治建设，培养领导干部的世界眼光和战略思维；一手抓业务知识和专业技能培训，着力提高各级干部解决实际问题的能力。加强干部教育培训基地建设，改善基础设施，整合和优化配置教育培训资源，加快高素质师资队伍建设。

三、要切实改进干部作风，树立求真务实的实干形象

求真务实，最重要的是将部署的各项工作付诸实践，见诸行动，取得实效。求真务实，关键在“干”。领导干部中有一大批实干家，这在急难险重的任务面前，表现得尤为突出。但确有少数领导干部“官位”要坐，而又“懒于做事、做不好事、怕麻烦事、有时还坏大事”。希望各位领导干部强化“想事、干事、干成事”的观念，经常性地深入实际，深入基层，深入群众，特别要注意到困难大、矛盾多、工作被动的地方和

单位去，在探索规律、尊重实践的基础上，通过扎扎实实地干，去改变一个地方、一个单位的面貌。要坚持少出套路，重在坚持；少提口号，重在落实；少搞综合，重在典型；少事张扬，重在实绩。

四、要切实增强领导班子的团结，形成求真务实的强大合力

要夯实团结的政治基础，坚决贯彻执行党的路线、方针、政策，坚持维护党和人民的根本利益，坚持把发展作为第一要务，在加快建设小康社会的奋斗中增进团结；要夯实团结的组织基础，健全党内生活，接受组织和同志监督，及时防止和克服各种不良倾向和错误行为，在开展批评与自我批评中增进团结；要夯实团结的制度基础，认真贯彻民主集中制，坚持集体领导和个人分工负责相结合的制度，防止和克服独断专行、软弱涣散和各行其是，在互相支持和协调配合中增进团结。当前，全国绝大多数领导班子成员是团结干事的，但也有少数班子存在不团结、不协调的现象或苗头，值得高度关注。希望出现不团结、不协调现象或苗头的班子，要通过自身的努力，尽快解决好。绝不能让一个内耗严重的班子贻误党的事

业，损害群众的利益。

五、要树立科学的政绩观，收到求真务实的实际效果

领导干部的政绩观不仅是政治问题，也是道德修养问题。有少数领导干部的“政绩观”存在一定的偏差，突出表现为“四个脱离”，即脱离实际，违背规律，盲目铺摊子摆场面；脱离群众，虚报浮夸，报喜不报忧；脱离事业，只图形式，什么工作易出“政绩”就干什么，只捡“松土挖”，不愿啃“硬骨头”；脱离职责，拈轻怕重，出了问题推责任，有了成绩争功劳。要纠正这些偏差，就要注意处理好五个方面的关系：一要正确处理好开拓进取与按经济规律办事的关系，树立主观客观互相作用的观念。二要正确处理好对上负责与对下负责的关系，树立根本利益一致的观念。三要正确处理好近期效益与长远效益的关系，树立协调持续的观念。四要正确处理好局部利益与整体利益的关系，树立全局观念。五要正确处理好客观公正看待成绩与实事求是看待问题的关系，树立“发现问题是能力，解决问题是成绩”的观念。

第五节　求真务实重在实践

空谈误国，实干兴邦，这是被大量事实和历史经验证明了的道理。正如邓小平指出的“一步实际行动胜过一打纲领”，世界上的事情都是干出来的，不干，半点马克思主义都没有。只有把嘴上说的、纸上写的、会上定的，变为具体的行动、实际的效果、人民的利益，我们的工作才算做到了位、做到了家。

当前，我们的改革正处于攻坚阶段，发展进入关键时期，抓好各项工作的落实，任务很重，要求很高，难度很大，各级领导干部必须要有一种坚韧不拔、奋发有为的良好精神状态，要有那么“一股子气”、“一股子劲”，扑下身子抓落实，咬定青山不放松，身体力行、亲历亲为，以求真务实的工作作风和实际行动取信于民。弘扬求真务实精神、大兴求真务实之风，关键在于落实到实践中，付诸实践、见诸行动、取得成效。为保证求真务实落在实处，要处理好以下关系：

坚持求真务实，必须正确处理局部和全局的关系、眼前和长远的关系、继承和创新的关系。具体来说，就是要进一步增强大局意识，善于从全局的高度来观察和处理问题，既考虑本地区本部门的发展，又坚持全国一盘棋，在大局下行动，做到局部利益服从全局利益，反对那种有令不行、有禁不止，“上有政策、下有对策”的错误倾向。要牢固树立科学发展观和正确的政绩观，坚持一切从实际出发，立足当前，着眼长远，既要积极进取，又要量力而行，不追求脱离实际的高指标，不搞劳民伤财的“形象工程”，不搞急功近利、寅吃卯粮的短期行为。要创造性地开展工作，既要坚持和发扬行之有效的好传统、好经验、好做法，又要根据新形势新任务的要求，积极推动各项工作与时俱进。一方面，要透彻领悟党中央的会议精神，正确把握党的大政方针；另一方面，要深刻把握本地区的发展基础、优势条件、制约因素以及当前和今后一个时期的热点、难点、要点问题，及时了解和关注人民群众的呼声，做好中央大政方针与地方具体实际相结合的大文章。

要做到务实，其前提是做到求真。唯有认清楚事物的本质，把握好事物的规律，才能更好地把国家的政策落到实处，让更多的群众获得实惠。因此，在干实事之前，需多调查具体情况，多倾听群众意见，了解事物的实质，事情的真实情况。正所谓“没有调查，就没有发言权”，只有经过了实地调查，认真考究，才能更好地办好实事，达到务实的最终目标。

要做到务实，关键是真抓实干，务求实效，要在抓好落实上狠下功夫。要纠正以会议落实会议、以文件落实文件等落实不够和热衷于路边工程、献礼工程、形象工程等脱离实际的种种现象，避免中央精神在一片表态的声音中走了样，在一片落实的声音中落了空。真抓实干，就要察实情、讲实话、办实事、求实效。

当前，我国正面临着难得的重要战略机遇期，要以求真务实为着力点。空谈误国，实干兴邦，要把求真务实作为解决难题的根本方法，作为推动工作的强大动力，面对机遇勇于把握，面对挑战善于化解，面对问题毫不回避，从实际出发，按规律办事，靠实践检验，察实情、干实事、务实效，确保各项目标任务落到实处。只有把人民的需求放在心上，落实在行动上，把群众的满意度作为工作的合格度，扎实苦干，把握机遇、乘势而上，用一个个经得起实践、群众、历史检验的业绩，一步一个脚印地把我们的事业推向前进。

第六节　求真务实的制度保障

弘扬求真务实的工作作风，必须坚持不懈地对各级领导干部进行以践行中国特色社会主义理论为主要内容的保持共产党员先进性教育。但实践证明，客观环境和体制更为重要。所以，我们应按照提高执政能力和构建和谐社会的要求，从指导思想、领导方式等方面确立有利于求真务实的导向，并积极稳妥地推进民主法制建设，建立科学的干部评价考核任用机制，铲除滋生形式主义和官僚主义的土壤。当前，应注意以下几点：[①]

一、把不切实际的高调门和高指标降下来

现在，全国上下都在讲科学发展观，当然包括不能盲目追求高速度，不能盲目上项目等内容，但很多地方在逐级下达招商引资、经济增长、财政增收等任务和考核干部业绩的时候，还存在要求过高的倾向。某些战线提出的一些振奋人心的口号和宏伟的工作目标，如果不考虑全局，似乎可行，但到下级，

①李克军：《为求真务实提供制度保障》，《学习时报》2006年版。

“八面来风”，就难以招架了。“地方官”们自有不同的对策，有的不惜一切代价去达标；有的虚报浮夸争先进；有的采取巧妙灵活的办法干好实的、应付虚的。很明显，在高调门、高指标的环境下，务实是很难的。因此，领导机关提出的要求、确定的任务既要积极向上，又要留有余地，其难易程度应以多数地方或单位经过努力可以完成为标准。

二、强化“成本”意识，建立成本的绩效考核评估体系

经济活动讲成本的问题早就提到日程了，但党政领导行为讲成本的问题人们重视还不够。领导同志检查工作，看企业一般都习惯了解一下效益，看城市建设，看各种产业小区，则很少追问建设资金怎么筹集的，拉没拉债，群众有什么不同看法没有。其实，任何工程，包括政治文化活动，都需要一定的投入，这投入不仅仅是物质的，还有精神的；不仅仅是政府的，还有社会的。那么毫无疑问，相应工作成果的认定，必须与这些投入作比较。一般来说，党委政府组织的活动或推进的工程，各方面看法不太可能完全相同，获得的效应也是“正”、“负”都有，所以，对各级官员的绩效考核，除了要按照科学

发展观兼顾经济和社会、当前和长远以外，还要把成果和成本联系起来，进行包括负效应在内的多维评估。在作出决策或部署工作的时候，不仅要一一论证其如何必要和有多么大的积极作用，还应把可能出现的负面效应讲清楚，从而最大限度地防止好大喜功、急功近利的行为发生。

三、鼓励干部讲真话

鼓励说真话，这是我们一直提倡的，但是人们更重现实。报喜得喜、报忧得忧的事例比比皆是，敢于和大人物争论导致丢掉“乌纱”的事例也偶尔出现过。2005年，中央党校研究室进行的一个领导干部心态调查显示，近一半的人承认“在已经意识到决策可能产生失误，但还坚持这样决策的情况相当多”。一个重要原因是“身不由己”，“上面领导希望我们这样做”。如果这种陈腐庸俗的“官场文化”不破除，保持先进性、提高执政能力岂不成了空谈？因此，鼓励领导干部讲实话、办实事，是非常重要的，也是必须的。

四、推进民主政治建设

求真务实，深层次的要求是要掌握事物客观规律，是需要艰苦努力的，但就工作作风这个层面来说，只要把人民利益放在首位就能做到。所以，人民群众对干部作风如何最有发言权，离开群众真实有效地监督，求真务实很难做到。发展社会主义民主，是从制度上保证求真务实的根本。发展民主的步伐，当然不能太快，但一定要真、要实。具备条件的事要排除干扰，过细做好，暂时办不到的不要摆花样。目前，除了党和国家领导体制要进行积极稳妥的改革以外，市、县、乡应该把发展基层民主和推进党务公开、政务公开、厂务公开、村务公开有机结合起来，积极打造透明的党委和政府，依靠人民群众监督，制约领导者的行为。

五、实行相对严格的任期制

形式主义和短期行为以及考核干部难以辨别政绩的真伪，都与干部调动频繁有关。很多地方的党政主官平均不到两年就换一个。涉及干部工作的会议文件上几乎每次都说到保持相对稳定，但研究到具体人选时很少考虑到任期问题。这是既关系干部作风，也关系到法制严肃性、民主真实性的问题。应该强化“届期”意识，保证除极特殊情况外，党政主要领导在一个地方干满一届。

六、弱化部门约束，适度下放权力

上面千条线，下边一根针。什么事情都要地方党政一把手负总责，但多数权力却在上级业务部门，这些部门以政府名义管了很多不该管也管不过来的事。由此产生了检查多、评比多、会议多、文件多甚至政策互相碰车的事。因此，应对各级政府及其业务部门的权力作出边界规定，把大部分权力放到下级，同时放给人民群众及其代表机关。

七、健全干部考核任用机制

关于干部的任用和考核，要在按《党政领导干部选拔任用工作条例》考核任用干部的基础上，研究地方党政领导干部的特殊性，逐步建立比较科学的，有利于弘扬求真务实精神的机制。要树立和重用一批低调务实、敢讲真话的干部，严肃查处弄虚作假的案件，批评形式主义和官僚主义行为，以树立正确的用人导向。

第七节　求真务实的自我养成

作为一种作风，一种精神状态，在一个党员内在素质上形成求真务实的特点，不可能通过一阵学习或教育就一蹴而就，它是一个渐进的、长期的甚至是潜移默化的过程，是在自觉性支配下进行的一种修养活动。因此，应当引导党员在工作、生活中不断做到讲实话、出实招、办实事、务实效这十二字。

一、说实话

从马克思主义经典作家那里开始，共产党人以不隐瞒自己的政治观点，讲真话，探索和掌握客观规律为自己的显著政治特色。共产党人的事业是符合科学的，而科学是不需要伪装的。因此，说假话、大话、言不由衷的话、虚话、套话都是不符合共产党人的品质的。所有的共产党员，都应抱着对党和人民事业负责的态度，实事求是地认识和反映事物，实事求是地陈述个人的内心活动，实事求是地说出一切想说而又应说的话来。为什么有人不敢讲真话？骨子里是因为自己患得患失，是从个人利益出发衡量说实话的直接或间接的效果。这就不是共产党人大无畏的革命气质。我们说要讲实话，并不是意味着不尊重人的私人空间，我们主要是指在政治、政策、工作等公共领域里要讲实话、讲真话。

二、出实招

好的工作目标和计划需要有完善的配套措施和方法。这些措施和方法应当实实在在，而不是“花花绿绿”；应当有充分的科学根据，而不是凭空臆造；应当能为群众自己接受和被检查，而不是只能表现在文章上、会议上、媒体上；应当能够产生积极的看得见、摸得着的效果，而不是官样文章，表面文章，或者是作秀。实招，难就难在“实”字上，一个好的措施或方法，往往需要经过反复地调查论证，特别是事关全局的，还要坚持从群众中来、到群众中去，接受群众的批判检验，集思广益。这里要解决两个问题，一是出发点是为了促进工作；二是胆略和勇气。有些好的措施或方法，从制定出台到实施，可能伴随着一定的政治的、科学的风险，甚至个人为此付出一定的代价。看准的事，就要有胆去做，把它变为现实。

三、办实事

实事就是国家和人民群众需要的事，国家和人民群众关心的事，也是通过努力可以办到的事。我们正处在一个各项事业腾飞的年代，身处这样时代的共产党员应当有所作为，也完全可能有所作为。就具体部门来说，当前应当努力为群众办好具体的实事：一是解决群众办事难，给当事人以充分的表达渠道；二是采取各种措施，解决一些百姓切实关注的大事、要事；三是疏通信访渠道，规范信访秩序，让民意顺达而上；四是救助弱势群体，保证他们的基本民生；五是尊重人民群众的主人翁地位，改善人民群众的物质生活条件，提高人们的生活质量；六是加强各类法纪监督，提高基层政府的社会公信力，建设一支好的行政队伍。

四、务实效

这是求真务实的落脚点和归宿。一项措施、一份努力取得了实效，才会有益于人民和社会。共产党员干部应当努力做到依法行政的政治效果、法律效果和社会效果的统一，最客观的标准就是公正、快捷，为社会所接受。这些年来，行政办公往往过分偏重整体效果，甚至个别党员也认为，行政办公就是应当追求的全部价值目标，这是不全面的。片面强调整体效果，必然会“福兮祸所倚”，诱发出对社会和谐产生破坏或者阻止作用的新的矛盾来。实践证明，实现国家、集体和个人三者利益的统一，和谐社会的创建才是完全可能的。

第八节　求真务实的良好环境

从唯物主义角度看，人是环境的产物，而人对环境又有改造作用。求真务实需要形成一个好的环境。在一些党员身上之所以存在某些不求真务实的东西，除了他们的主观世界修养方面的原因外，缺乏一个不利于人们求真务实的环境也是一个重要的因素。即求真务实不仅需要我们主观上认识和把握事物的出发点是为私，还是为公，客观上也需要整个社会努力创造一个实事求是的氛围。

环境虽然是外因，但它对人的内在因素的培养具有强大的暗示、引导和示范作用，在特定的消极条件影响下，必然会导致内心修养活动的扭曲。比如，用人如果重关系，就会让人跑关系；如果重财，贿赂就会公行；如果重浮华，华而不实的政绩工程、吹吹拍拍的官场习气就会愈演愈烈。因此，作为党员领导干部必须高度重视求真务实环境的生成。

胡锦涛指出：求真务实是我们党的思想路线的核心内容，是党的优良传统和共产党人应该具备的政治品格。

首先，要大力营造干事创业的氛围，努力为求真务实者创造良好的环境。教育和引导各级干部坚持求真务实，强化求真务实者的信念。任何一种精神的培养、品格的形成都需要坚定信念的支持，而坚定的信念来源于对科学理论的正确理解与把握。因此，要教育引导党员干部加强理论学习，夯实求真务实的思想基础，保证其思想和实践的正确方向。要教育干部科学把握“求真”与“务实”的关系。求真不是空谈，务实不是盲干，二者辩证统一，不可分割，应贯穿于一切工作的全过程。

其次，要营造良性的考核氛围，使求真务实工作作风成为导向。在制度安排上形成对坚持求真务实者的制度保障，较好地解决某些干部只对上负责很少对下负责、只对领导负责很少对群众负责、只对本本负责很少对实际负责的问题。弄虚作假者应受到制裁，至少不能受到表扬甚至提拔。对那些已经习惯于浮夸吹捧的干部，不仅绝对不能提拔，而且还要坚决严肃处理。求真务实者应受到表彰，至少绝不能受到打击。求真务实的干部往往是一些不事张扬的干部。掌握求真务实者的政绩，要注重通过多种途径，运用多种方法，来掌握求真务实者的政绩。要运用调研的方法来发现干部的政绩。深入到基层去倾听群众的呼声，发现那些把群众利益放在第一位，相信群众、贴近群众、关心群众、热爱群众的求真务实者。在政绩考核方面，要运用比较的方法来看待。既要看政绩取得的现实状况，又要看政绩取得的基础，更要看干部的主观努力情况，不能单纯地看数字。要在急难险重的任务面前来检验干部的政绩。注重在抗击非典、抗洪抢险、艾滋病防治等工作中考察干部，用好急难险重任务这个考察认识干部的“试金石”。对于积极承担岗位责任、踏踏实实、积极进取、求真务实的，则要提升他们的地位，具体而言：一是提升他们的政治地位。对于求真务实的干部，要及时予以提拔重用，特别优秀的党员干部可以破格提拔使用，增加他们参政议事、参与重大事项决策的机会。二是提升他们的经济地位。对在本职岗位上作出突出贡献，对本地经济和社会发展形成重大影响，经济和社会效益显著的，可以从经济上给予重奖，引导干部把主要的精力集中到经济建设上来。三是提升求真务实者的社会地位。要大力宣传求真务实者的事迹，弘扬他们的精神，树立他们中的典型，让他们得到全社会的认可与尊重。而对于工作中不能求真务实者，则要加大惩处力度，警告、通报甚至开出公务员队伍。在干部选拔任用问题上，要落实群众路线，不仅要倾听群众的意见，而且还应该逐步地使更多的群众，在更大的范围内，对干部的选拔任用有更多的发言权———因为群众对某个干部是否求真务实是清楚的。

最后，鼓励求真务实者的创新氛围。必须坚决杜绝主观主义、本本主义，努力创造出根据客观实际提出自己看法的外部条件，努力创造出一个畅所欲言、生动活泼的局面。求真务实既要求我们一切从实际出发，实事求是，又要求我们不断根据发展的实践进行新的判断，运用新的方法，创造新的经验，作出新的理论概括。要鼓励干部在工作理念上创新。坚持用“三个有利于”判断是非得失，凡符合“三个有利于”的，就大胆地试，大胆地闯。鼓励干部在工作方法上创新。要引导干部总结推广已往的成功经验，又不断创造出行之有效的新方法。对于一些新的工作方法，不能苛求完美，只要符合原则，方向正确，成效明显，就应予以大力支持，鼓励干部在工作内容上创新。要正确理解上级的要求，合理地确定工作重点，科学地拓展工作内容，使上级的要求更加具体化，更加切合本地实际。

总之，党的作风建设是一个系统工程，只有加强思想政治教育、抓好落实、加强制度建设、营造良好的工作氛围、加强党员干部求真务实品质的养成，才能使全党继承和发展求真务实的优良传统作风，真抓实干，积极进取，把中国特色社会主义建设的伟大事业推向前进。